TIERBUCH

Marguerite Henry

Pony Stormy

Marguerite Henry

Pony Stormy

Die abenteuerliche
Geschichte um
die Geburt eines Ponys

RAVENSBURGER BUCHVERLAG

Lizenzausgabe
als Ravensburger Taschenbuch
Band 2082,
erschienen 1997
Erstmals in den Ravensburger
Taschenbüchern erschienen 1984
(als RTB 912)

Die Originalausgabe erschien 1963
im Verlag Rand McNally & Company,
Chicago
unter dem Titel „Stormy“

Die deutsche Erstausgabe erschien 1978
im Hoch Verlag, Düsseldorf

Umschlagillustration: Ulrike Heyne

Aus dem Amerikanischen von
Else Schimmelfennig

RTB-Reihenkonzeption:
Heinrich Paravicini, Jens Schmidt

**Gesamtherstellung: Ebner, Ulm
Printed in Germany**

**Die Schreibweise entspricht den Regeln
der neuen Rechtschreibung.**

6 5 4 3 2 1 02 01 00 99 98 97

ISBN 3-473-52082-9

TIERBUCH

INHALT

Land jenseits des Wassers

Im großen Atlantischen Ozean, unmittelbar der Küste Virginias vorgelagert, liegt unter den Strahlen der Sonne ein schmaler Landstreifen, der Gewalt des Sturmes und der Gezeiten ausgesetzt. Man kann ihn kaum als Insel bezeichnen, da er nur wenige Zentimeter oberhalb des Meeresspiegels liegt. Die ersten Indianer, die einst vom Festland herüberstakten, um Rotwild, Ottern und Biber zu jagen, nannten die windzerzauste Insel „Chinco-teague", „Land jenseits des Wassers".

Heute verbindet ein fünf Meilen langer Damm die Insel mit der Ostküste Virginias. Manchmal, wenn das Meer aufbraust, überflutet es den Damm. Dann sind die Inselbewohner vollkommen abgeschlossen. Aber für gewöhnlich liegt Chincoteague im Schutz einer benachbarten Insel, eines großen, langen Streifens weißer Sandhügel. Die Indianer nannten ihn „Assateague", das heißt „Vorreiter". Das war eine treffende Bezeichnung, denn Assateague ist für Chincoteague wie ein großer Bruder, der sie vor den heftigen Stürmen und den hohen Fluten des Atlantik schützt.

Seit vielen Jahren gilt Assateague als Schutzgebiet für Ponys, Rotwild und umherziehende Wasservögel. An klaren Tagen kann man Herden wilder Ponys sehen, die mit wehenden Mähnen und Schweifen am Strand entlang stürmen. Assateague gehört also den wilden Tieren, aber Chincoteague gehört den Menschen, kräftigen Inselbewohnern, die sich mit Hühnerzucht beschäftigen, mit dem Fang von Austern und Krabben wie auch Sumpfschildkröten mit fein gemusterten Rückenpanzern.

Das einzige große und fröhliche Fest des Jahres findet Ende Juli am Tage des Wildpferdefanges statt. Dann treiben die Mitglieder der freiwilligen Feuerwehr die Wildpferde von Assateague zusammen, zwingen sie, durch die schmale Rinne nach Chincoteague zu schwimmen, und fangen sie für die Touristen und Ponyhändler ein, die von nah und fern herbeiströmen. Natürlich sind nur die jungen Tiere zahm genug, um verkauft werden zu können. Das auf der Auktion eingenommene Geld wird dazu verwandt, für die Feuerwehr Ausrüstungsgegenstände anzuschaffen zum Schutz der auf Chincoteague lebenden Fischer und Hühnerzüchter.

Eine Familie wohnt hier, die von den Feuerwehrleuten als besonders großer Förderer bei der jährlichen Auktion von Ponys angesehen wird. Es ist die Familie Beebe, Großpapa und Großmama und ihre Enkelkinder Paul und Maureen. Sie nennen sich „Pferdezüchter“, ausgenommen Großmama, deren Vater Kapitän war. Das ganze Jahr hindurch beschäftigen sie sich mit den Ponys. Ihr Besitz am Südende der Insel ist überall unter dem Namen „Pony-Farm“ bekannt.

1 Vor dem Sturm

Die Uhr auf dem Sims zeigte die fünfte Morgenstunde an, als der junge Paul Beebe mit zerzaustem Haar und schlaftrunken in die Küche trat. Paul warf nicht einmal einen Blick auf die Uhr, obwohl sie ein schönes Stück war, das eine Schiffsbrücke darstellte mit dem Kapitän am Steuerrad. Paul richtete sich lieber nach dem Krähen seines Zwerghahnes.

Großpapa Beebe stand über den Ausguss gebeugt und wusch sich laut prustend das Gesicht. Er schnappte nach Luft und reckte den Kopf hoch wie ein Rotkehlchen, das auf Würmer lauert. „Nun höre sich einer diesen Hahn an“, sagte er grinsend, mit triefnassem Gesicht. Er griff nach dem Handtuch, das Großmama ihm reichte. „Dieser Strolch!“, fuhr er fort und trocknete sein Gesicht ab. „Er ist zuverlässiger als jeder alte klingelnde Wecker. Ha! Man kann sich besser auf ihn verlassen als auf das blitzende Ding da, das uns dein seefahrender Vater aus Frankreich mitgebracht hat.“ Er zwinkerte Großmama zu. „Und was das Beste ist, du brauchst ihn niemals aufzuziehen, und er hat meines Wissens noch nie verschlafen.“

„Ich auch nicht!“, sagte Paul. „Selbst wenn das Wetter trübe war.“

Der alte Mann und der Junge schlurften auf ihren Socken in den hinteren Flur, wo die Jacken über den Waschfässern hingen und die Stiefel aufgereiht dastanden.

Großmama rief ihnen nach: „Zieht euch warm an, es weht ein kalter Wind."
Sie kam zum Haustor und musterte Paul mit kritischen Blicken. „Ich muss dir einen Aufguss von Heilwurz kochen, das wird dir gut tun. Ich finde, du siehst heute älter und müder aus als dein Großpapa."
„Kein Wunder, dass er übermüdet ist", sagte Großpapa stolz. „Paul hat ab Mitternacht bei Misty gewacht."
„In diesem Hause", sprudelte Großmama heraus, „wird um Misty und das Fohlen, das sie erwartet, ein Theater gemacht, als wäre sie die Königin selber, die den Kronprinzen gebären soll."
„Aber das ist sie doch auch!", rief Paul aus. „Sie ist eine Filmkönigin!"
„Haha!", mischte sich Großpapa ein. „Nenne mir ein zweites Pony auf Chincoteague, das wie Misty ein Filmstar ist! Und weil sie berühmt geworden ist, nun, deshalb hat sich auch die Pony-Farm so gewaltig verändert."
Paul nickte eifrig. „Ja, Großmama, du weißt, dass wir jetzt mehr Ponys verkaufen und besseres Futter kaufen können, und in diesem Sommer werde ich ihr einen schönen Stall bauen und –"
„Und ich werde nie das Ende dieser Geschichte erleben!", brummte Großmama. „Unsre Farm ist zum regelrechten Mekka für die Leute geworden, die hierher kommen, um Misty zu sehen, und hat sie erst ihr Fohlen – du lieber Gott, dann werden sie sich drängen wie gebackene Austern im Auflauf!"

Paul und Großpapa gingen fort. Großmamas Reden regten sie so wenig auf wie ein Moskito, ehe er sticht. Ein schwacher Lichtschein verscheuchte die Dunkelheit, und über dem Meer lag der Schimmer der Morgendämmerung. Im Winde, der stark und in heftigen Stößen von Südwesten blies, wogten die alten, verdorrten Marschgräser und wurden eins mit dem Wogen der Wellen.

Als Großpapa und Paul auf die Scheune zueilten, sprang ein goldfarbener Schäferhund von seinem Lager im Lastauto auf und rannte auf sie zu.

„Hei, du Springinsfeld!" Paul griff ihm kurz ins Fell, aber sein Herz war nicht bei der Sache. Er zog Großpapa am Ärmel und sagte hastig: „Großpapa, Buck Jackson hat sich ein paar Milchziegen angeschafft."

„So?"

„Nun, falls es Misty nicht gut gehen sollte –"

„Was, zum Kuckuck, meinst du damit?"

„Vielleicht sollten wir eine Milchziege kaufen, im Falle, dass –"

„Im Falle was?"

„Misty nicht genügend Milch für ihr Fohlen hätte."

Der alte Mann schüttelte Pauls Hand ab. „Lass mich los, Junge! Was für einen Sinn hat es, sich jetzt schon deswegen Sorgen zu machen! Wir haben eine Menge zu tun. Hör nur, welchen Krach die Ponys machen, die ihr Futter haben wollen, und das ganze Hühner- und Entenvolk, das nicht aufhört zu gackern und zu schnattern! Alle haben Hunger – wie ich auch!"

„Aber Großpapa", fuhr Paul heftig fort, „du hast selber gesagt, dass die im April und Mai geborenen Ponys größere Aussicht haben zu gedeihen als die Märzfohlen."

Der alte Mann blieb stehen. „Es ist nicht gut für Fohlen, wenn sie Ziegenmilch trinken", sagte er mürrisch, „besonders nicht für Mistys Fohlen."

Vor sich hin brummend und den Kopf schüttelnd, stampfte er schwerfällig auf die Futterkrippe zu. Paul ging am Zaun entlang zum Hühnerhaus, das Misty jetzt als Stall diente. Er hörte ihr Wiehern, den tiefen, rasselnden Ton. Das Herz klopfte ihm vor Erwartung, als er den Riegel der Tür zurückschob.

Misty kam sofort auf ihn zu, schubste ihn mit den Nüstern, als ob er auch ein Pony wäre. Dann knabberte sie an seinem strohblonden Haar, sodass er nicht sehen konnte, wonach er Ausschau hielt. Er schob sie vorsichtig zur Seite und trat einen Schritt zurück. Nach unten blickend, musterte er sie von allen Seiten. Aber kein kleines Fohlen lag im Stroh! Er betrachtete ihre Flanken; sie waren genauso rund und stark, wie sie um Mitternacht ausgesehen hatten und die Nacht davor und auch die vorvorige.

„Es kommt wahrscheinlich heute!", sagte Paul zu ihr und versuchte, seine Enttäuschung zu verbergen. „Eine Zeit lang kann es mit dir zusammen sein. Wenn ich aus der Schule komme, baue ich neue Ställe für euch. Maureen kann mir dabei helfen."

„Was helfen?", fragte eine Mädchenstimme.

Paul drehte sich um und sah, wie seine Schwester, auf den Zehenspitzen stehend, ihm über die Schulter blickte. „Hilf mir pumpen", sagte sie hastig.

„Paul! Maureen!“, rief Großpapa von der Futterkrippe her. „Hört auf zu schwatzen! Tränkt die Ponys, ehe sie vor Durst umkommen.“

Der größte Teil von Großpapas Herde befand sich noch auf der Winterweide in Deep Hole am nördlichen Ende der Insel. Dort standen kleine Fichtenhaine, und das ganze Gebiet war mit dichtem Unterholz bewachsen, sodass die Ponys sich wärmen konnten und vor dem Wind geschützt waren. Auch fanden sie genügend Futter; sie lebten von wilden Sträuchern und Riedgras.

Auf der Pony-Farm hielt Großpapa nur seine persönlichen Reitpferde – Billy Blaze und den zuverlässigen alten Eyes, außerdem einige halbwilde Ponys von Assateague. Den ganzen Winter hindurch lief diese kleine Herde struppiger Pferde frei und ungebunden hinaus in die Marsch, die nur vom Meer begrenzt war. Aber jeden Morgen kamen sie angaloppiert, und ihre Mähnen und Schweife wehten wie züngelnde Flammen! Vor dem Tor wieherten sie schrill und forderten frisches Wasser und ein paar Maiskolben. Pauls und Maureens Aufgabe war es, viele Liter Wasser in einen alten Waschzuber zu pumpen und einige Maiskolben zu entkernen.

„Jetzt musst du pumpen, Paul“, sagte Maureen. „Ich hole die Maiskolben und pule die Körner aus.“

„Fang du nicht auch noch an, mich anzutreiben!“, entgegnete Paul. „Mir genügt eine Großmutter im Haus!“ Dann grinste er. „Aber du pumpst auf jeden Fall zu langsam.

Außerdem stärkt das Pumpen meine Muskeln für den Ponyfang."
Als Maureen die Ponys zu zweien in die Umzäunung trieb, stürzten sie sich auf den Wasserbehälter und tranken gierig.

Für gewöhnlich war Misty als Erste am Wassertrog, denn sie lief mit den anderen frei auf der Marsch umher. Aber jetzt, da sie ihr Fohlen erwartete, wurde sie im Stall eingeschlossen, wo man sie dauernd unter Aufsicht hielt. Nun ließ Paul sie als Letzte heran. Er wollte, dass sie sich Zeit nahm und trinken konnte ohne das Gedränge der Ponys, die gegen das Tor schlugen und wieherten und sie unruhig machten. Aber heute benahm sie sich flattrig wie eine Pusteblume, obwohl sie den Wassertrog für sich allein hatte. Sie weigerte sich zu saufen, spielte mit dem Wasser und blies hinein, bis sich kleine Wellen bildeten.
Paul war beunruhigt. Warum wollte sie nicht saufen? Bedeutete es, dass das Ereignis nahe war? Oder fehlte ihr etwas? Er hörte auf zu pumpen und überließ sich seinen quälenden Gedanken. Es konnte sein, dass das Ereignis noch an diesem Morgen eintrat, und dann müsste er zu Hause bleiben und könnte nicht zur Schule gehen. Dann müsste er helfen, das Fohlen trockenzureiben, und Acht geben, dass Misty es gut nährte.

„Paul! Maureen!" Großpapas Stimme dröhnte wie ein Nebelhorn. „Bringt Misty herein und helft beim Füttern!" Er stand auf dem Hof, den Kopf in den Nacken geworfen, und rief, gen Himmel blickend, mit schriller Stimme: „Wi-di-di-di! Wi-di-di-di!“ Sein Lockruf wirkte wie ein Magnet, der die Vögel herbeiholte – die wilden aus der Luft, die zahmen von der Weide! Gänse, Enten und Möwen, Hähne und Hühner rannten schnatternd und gackernd herbei. Über den Zaun hinweg brüllte Großpapa seine Befehle. „Streut dem Gesindel die Maiskörner.“ Er gab ihnen eine Kohlenschaufel voller Kolben. „Jetzt passe ich auf wie ein Schießhund, und wehe diesen kanadischen Wildgänsen, wenn sie das ganze Futter klauen und mein eigenes Hühnervolk hungrig ausgeht!“

Die Kinder pulten die Maiskörner noch schneller aus, als die Krähen es tun, bis auf der Schaufel schließlich nur noch die leeren Hülsen lagen und der Hof von friedlich pickenden und scharrenden Vögeln belebt war.

Großpapa suchte den Himmel nach Nachzüglern ab, aber er entdeckte keine. Er sah nur ein paar dunkle Wolken, von Windstößen gejagt. „Ein Sturm scheint aufzukommen, meint ihr nicht auch?“

Paul lachte. „Du wärest besser Wetterprophet als Pferdezüchter geworden, Großpapa, denn du kannst jedes Wetter voraussagen.“

„Ich habe doch Recht, nicht wahr? Du, Maureen, läufst und hängst den Eimer auf. Mir steigt der Duft von Großmamas Speck in die Nase, und ich bin so hungrig, dass ich einen Bären verspeisen könnte!“

Es wurde ein reichliches Frühstück. Auf dem Tisch lagen Berge von warmen Semmeln und dicken Speckstücken. Friedlich saßen sie um den Tisch, und man hörte nur das Klappern der Gabeln und das Schlürfen, wenn Großpapa seinen Kaffee trank. Erst als sie zum zweiten Male genommen hatten, begann das Gespräch.

„Großmama“, fragte Paul, „möchtest du wohl ein paar Ziegen anschaffen? Vielleicht einen Bock, aber auf jeden Fall eine Milchziege? Siehst du, sie könnte vielleicht als Amme dienen.“

Großmama legte ihre Gabel hin. „Paul Beebe! Mir scheint, das war Gedankenübertragung! Ausgerechnet in dieser Nacht habe ich geträumt, wir hätten eine ganze Ziegenherde und Misty hätte mit einer alten Mutterziege Freundschaft geschlossen, die ihr Junges mit Mistys kleinem Fohlen umherlaufen ließ. Beide bockten gegenseitig und spielten wirklich reizend.“

Großpapa hielt sich die Ohren zu. „Ich bin taub!“, rief er aus. „Ich habe nichts gehört!“ Er stand vom Tisch auf. „Sechs Uhr!“, erklärte er. „Ihr Kinder geht jetzt und mistet Mistys Stall aus. Es wird Zeit für die Schule, ehe ihr es euch verseht. Das Meer ist heute unruhig, und am Himmel zieht sich ein Wetter zusammen, das ich gar nicht schätze. Keine Zeit zu trödeln!“

„Ach was“, sagte Großmama, „mein Vater, der Kapitän von der –“

„Ja, Idy“, machte er sie nach, „dein Vater, Kapitän der ‚Alberta‘, des letzten Segelschiffes hier nach Chincoteague, sagte – nun, was hätte er gesagt?“

„Er würde gesagt haben", antwortete Großmama stolz: „,Das Meer in der Bucht ist bleiern, das Barometer steht tief, und das Wetter schlägt um.' – Aber Clarence, haben wir nicht ständig einen Wetterwechsel zu erwarten?"

2 Eine Ente in der Pferdetränke

Nachdem sie Mistys Stall gesäubert und die Krippe mit süßem Heu gefüllt hatten, stürmten Paul und Maureen laut lachend und vollkommen außer Atem in die Küche. Sie riefen wie aus einem Munde: „Es gibt Zeiten, in denen man zur Schule geht, und Zeiten, in denen man zu Hause bleibt."

„Und wann sollte das sein?", fragte Großmama.

„Wenn eine Stute ihr Fohlen erwartet!", sagte Paul triumphierend.

Es wurde mäuschenstill in der Küche. Großmama schüttelte ein feuchtes Küchentuch aus und hängte es über den Herd. Um Zeit zum Nachdenken zu gewinnen, legte sie Messer und Gabeln in die Schublade und steckte jeden Löffel einzeln auf das Löffelbrett. Dann blickte sie in die gespannten Gesichter. „Seid ihr jemals dabei gewesen, wenn eine wilde Stute ihr Fohlen zur Welt brachte?"

Sie schüttelten die Köpfe.

„Auch Großpapa und ich haben es nie erlebt." Ihr Blick schweifte weit hinaus über die Marschwiesen, wo die Ponys friedlich grasten.

„Also, bei den Stuten ist es so: Für einen Tag oder sogar zwei Tage gehen die Stuten fort und verbergen sich an einem einsamen Ort. Und wenn du beim nächsten Mal die Stute zur Tränke gehen siehst, dann tänzelt ein junges Fohlen hinter ihr her! – Stellt euch vor: Eines schönen Tages schwamm eine Stute geradewegs über den Kanal zur Insel Hummocky, um ihr Fohlen zu werfen, und drei Tage später kamen sie zu zweit zurück und schlossen sich der Herde an – auch das kleine Fohlen ist herübergeschwommen!"

„Aber die waren wild, Großmama", sagte Paul. „Bei Misty ist es ganz etwas anderes. Sie hat mit Menschen zusammengelebt, seit sie ein kleines Fohlen war."

Großmama holte einen alten Kork und eine Dose mit Scheuerpulver und putzte die fleckigen Küchenmesser. Sie nickte bedächtig. „Und Misty ist ein kluges Pferd. Wenn sie Hilfe braucht, dann kommt sie hierher an den Zaun, damit wir sofort Bescheid wissen, und genauso macht sie es, wenn sie durstig ist. Nun wascht euch tüchtig und zieht euch um. Ihr habt keinen Grund, die Schule zu schwänzen."

„Aber, Großmama", sagte Paul hartnäckig, „wie kann Misty um Hilfe rufen, wenn Großpapa in die Stadt fährt, um Austern aufzubrechen, und wir in der Schule festsitzen und –" Großmama gab keine Antwort. Sie reichte Maureen eine Milchkanne und eine Schüssel. Wie durch Zauberei herbeigelockt, kam unter dem Herd eine große Tigerkatze hervor und schleckte die Milch, bevor Maureen Zeit hatte, sie auszugießen.

„Ich will euch etwas sagen", meinte Großmama, nachdem sie einen Augenblick überlegt hatte. „Ich verspreche euch, jede Stunde hinüberzugehen und nach Misty zu sehen."

„Tust du das bestimmt?"

„Ganz bestimmt."

„Und wirst du in der Schule anrufen, wenn du uns brauchst?"

„Auch das verspreche ich euch! Ich schwöre es!"
Etwas beruhigt, wuschen sich Paul und Maureen und zogen ihre Schulkleider an. Als sie aus dem Haus rannten, kletterte Großpapa auf das Lastauto. „Steigt ein!", sagte er. „Ich nehme euch mit." Er steckte den Schlüssel in den Anlasser, ließ aber das Auto nicht anlaufen. „Zum Donner noch mal! Da drüben!"
„Was ist denn, Großpapa?"
Er zeigte auf eine große weiße Ente, die im Waschtrog tauchte. „Nun seht euch den Vogel dort an!", sagte er erschrocken. „Das ist ein böses Vorzeichen."
„Wieso?", fragten die beiden Kinder.
Und Großpapa flüsterte:

**„Taucht eine Ente in der Pferdetränke,
gibt's am nächsten Tag ein Unglück, bedenke!"**

„Wer hat das gesagt?", wollte Paul wissen.
„Mein Onkel Zadkiel war ein Wetterprophet; er behauptete, dass es Sturm geben würde, wenn Enten in der Pferdetränke badeten." Mit besorgter Miene fuhr Großpapa los.

Der Tag in der Schule schien kein Ende zu nehmen. Maureen antwortete mechanisch auf alle Fragen. Sie hörte, wie ihre eigene Stimme erzählte: „Christoph Kolumbus war einer der ersten Männer, die glaubten, die Welt sei eine Kugel. Er war auf der Suche nach dem Osten, während er westwärts segelte."

„Sehr gut, Maureen, setz dich!“

Aber Maureen blieb stehen, die Augen starr auf die Landkarte gerichtet. Ihre Gedanken rasten plötzlich über die Welt hinweg und in die Vergangenheit zurück zu einem Schiff mit hochgestellten Segeln. Es war nicht das Schiff, mit dem Kolumbus segelte, sondern jenes, das die Ponys nach Assateague gebracht hatte. Sie sah den gewaltigen Sturm aufkommen, und sie sah weiter, wie das Schiff am Felsenriff zerschellte und wie eine Eierschale auseinander brach, und dann sah sie, wie die Ponys ins Meer hinausgespien wurden, und sie hörte, wie sie sich schreiend zwischen den Trümmern hindurchquälten, und eines von ihnen sah genau so aus wie Misty.

Die Stimme der Lehrerin riss sie aus ihren Träumen. „Ich habe gesagt, du sollst dich setzen, Maureen!“

Die Klasse kicherte, als sie sich schnell auf ihrem Platz niederließ.

In Pauls Klasse war mündliche Prüfung. „Beginnen wir nach dem Alphabet“, verkündete Miss Ogle.

„Die erste Frage!“, sagte sie mit ihrer hellen Stimme. „Schließt die Bücher und sagt der Klasse, was älter ist, die Erde oder das Meer, und wo die ersten Formen von Leben auftraten. Teddy Appleyard, fang an!“

Teddy stand auf und drückte ein blutbeschmiertes Taschentuch vor seine Nase. So war er sofort entschuldigt.

„Also dann ist Paul Beebe der Nächste.“ Totenstille!

Die Stimme der Lehrerin wurde laut. „Wir fangen an mit Paul *Beebe*“, und sie zog seinen Namen wie ein Gummiband in die Länge; aber auch dann hörte er sie nicht!

Mit keinem Gedanken war er in dem kleinen weißen Schulhaus. Im Geiste war er draußen auf der Pony-Farm, wo Misty aus dem Stall ausgebrochen und in die Marsch hinuntergelaufen war. Und in seiner Fantasie sah er, wie das Fohlen geboren wurde, wie es, noch ganz feucht, langsam, langsam hinuntergezogen wurde in einen schlammigen Sumpf! Kein Laut war zu hören, kein Wimmern! Nur der Wind, der über die Gräser strich.

Tapp! Tapp! Miss Ogle klopfte mit ihrem Bleistift heftig auf das Pult. „Jungen und Mädchen", sagte sie, „ihr habt alle schon von Menschen gehört, die nachts einen Alptraum haben, aber ich stelle fest, dass Paul Beebe am helllichten Tage träumt!"

Die Klasse brach in lautes Gelächter aus, und nun erst hörte der schreckliche Traum auf.

Daheim in Mistys Stall war alles in bester Ordnung. In der Krippe lag genügend Heu, gutes Heu, hier und da mit süßem Klee vermischt, dazu ein Stückchen Salz, ausgehöhlt vom vielen Lecken, sodass ihre Zunge genau hineinpasste. Sie bearbeitete es gerade mit großem Behagen und zog hin und wieder die Zunge zurück, wenn sie sich umdrehte, um eine kleine, braune Henne zu beobachten, die sich in einer Ecke des Stalles ein rundes Nest baute. Sorglos ließ die Henne Misty umhergehen, als ob sie ihre Gesellschaft suchte, und hin und wieder gackerte sie leise.

3 Der Instinkt eines Tieres

Sofort nach Schulschluss liefen Paul und Maureen aufgeregt hinüber zu Mistys Stall, aber es hatte sich nichts ereignet. Großpapa schüttelte den Kopf. „Es wird wohl noch etwas dauern, bevor Misty ihr Fohlen hat."

„Was sollen wir denn nun tun, Großpapa?"

„Ich möchte, dass ihr mit Watch Eyes und Billy Blaze hinaufreitet, denn es kam mir heute Mittag so vor, als ob Billy gelahmt hätte. Seht nach, Kinder, und stellt fest, welches Bein ihm weh tut."

Paul und Maureen waren froh über diesen Auftrag. Die Art und Weise, wie Großpapa zu ihnen sprach, gab ihnen das Gefühl, echte Reiter zu sein. Schnell zäumten sie ihre Ponys, schwangen sich auf die blanken Rücken und sausten davon.

Paul hielt Watch Eyes ein paar Längen zurück und gab Maureen Anweisungen, wie sie mit Billy Blaze verfahren sollte.

„Treib ihn einen Schritt voran."

Mit gespitzten Ohren und nickendem Kopf ging Billy mit großen, ausgreifenden Schritten vorwärts, beinahe federnd.

„Lass ihn antraben!"

Wieder ging er tadellos und im Geviert genau durch alle vier Ecken.

„He! Kehrt! Hierher!"

Maureen hielt an und lachte. „Wenn er nicht so struppig

aussähe“, sagte sie, „dann könnte man ihn bei der Parade vorreiten, so weich sind seine Gänge. Großpapa hat das genau gewusst.“

„Natürlich! Seine Absicht ist nur gewesen, uns abzulenken, damit wir uns nicht so viel Sorgen um Misty machen sollten. Lass uns jetzt um die Wette reiten, Maureen!“

Es machte Spaß, auf bloßem Pferderücken über das Marschland zu reiten. Der aufkommende Wind erregte die Pferde und trieb sie an zu galoppieren, sodass man meinen konnte, sie wollten mit dem Sturm um die Wette rennen! Spaß machte es auch, die Stuten zusammenzutreiben, sie hinunterzujagen auf die Landzunge und unmittelbar am Meeresstrand zu halten.

Es war sogar ein Vergnügen, miteinander zu streiten!

„Maureen, heute Abend musst du pumpen!“

„Ich denke nicht daran, denn ich muss Eier suchen!“

„Auch gut, Schlauberger, dann kannst du auch das Gitter vom Hühnerhaus in Ordnung bringen.“

Doch zu guter Letzt reparierten sie dann alle beide den Drahtzaun und pumpten abwechselnd Wasser. Danach stürmten sie hungrig und mit feuerroten Backen ins Haus. Großmama versprach ihnen ein frühes Abendbrot mit einem Austernauflauf.

Zur gleichen Zeit jedoch ereigneten sich zwei merkwürdige Dinge. Ein einsames Marschhuhn kam eilig über das freie Feld auf das Haus zu gelaufen. Paul entdeckte es zuerst. Er saß im Wohnzimmer am Tisch und malte eine Ente.

„Seht doch, schnell! Da kommt ein Marschhuhn und will uns besuchen!"
Maureen lief ins Zimmer und schaute hinaus. Großmama und Großpapa stießen beinahe zusammen, als sie gleichzeitig durch die Tür zu gehen versuchten.
„Bei den springenden Fischen!" Großpapa pfiff. „In meinem ganzen Leben habe ich noch nie gesehen, dass ein Sumpfhuhn aufs trockene Land geht!"
„Auch ich habe so etwas noch nicht erlebt!", pflichtete Großmama bei. „Scheu sind diese Tiere, nicht wahr?"
„Das kann man wohl sagen; sie fühlen sich nur in der Marsch sicher wie ein Kaninchen in einem Dorngebüsch."
Großmama nickte. „Meiner Meinung nach sagt ihm der Instinkt, dass es versuchen muss, ein Versteck zu finden. Ich möchte wissen, wovor es sich fürchtet."
Alle beobachteten die Henne, die immer höher hinaufrannte bis in die Nähe des Räucherhauses und sich auf den Treppenstufen niederließ, als suche sie einen sicheren Hafen.

Alle, außer Großpapa, gingen nun wieder ihrer Arbeit nach. Er durchquerte das Zimmer und trat ans Fenster, das auf den Kanal blickte.
„Verflixt!", rief er kurz darauf aus. „Seht ihr, wie sich unsere allein stehende Fichte im Sturm beugt? Er ist genau von Südwest nach Nordost umgeschlagen. Ha! Seht euch nur den Himmel an – er ist so schwarz wie der Bauch einer Kuh von innen!"

Plötzlich stockte ihm der Atem. „Die Flut!“ Er rang nach Luft. „Sie hat schon unser Feld erreicht!“
„Mach dir doch keine unnötige Sorge“, rief Großmama von der Küche aus. „Es ist Neumond, und ein neuer Mond bringt immer Hochwasser.“
Aber Großpapa hörte nicht zu. Er wanderte von einem Zimmer ins andere. „Hat es heute im Radio irgendwelche Sturmwarnungen gegeben, Idy?“, fragte er.
„Nicht dass ich wüsste“, sagte Großmama nachdenklich, „außer dass die Küstenwache heute Morgen unbedeutende Warnungen durchgab. Aber im März hissen sie ja alle drei bis fünf Tage die rote Flagge der Sturmwarnung.“
„Wie dem auch sei“, sagte Großpapa. „Ich gehe mit Paul doch lieber hinaus und treibe die Ponys der Sicherheit halber in den Heuschober.“
Paul ließ seinen Malpinsel fallen und ging zur Tür.
„Bringt Holz mit für den Herd“, rief Großmama hinter ihnen her.

Die Dunkelheit brach schnell herein, und der Wind, stärker geworden, brachte einen feinen, peitschenden Regen mit sich. Der alte Mann und der Junge pfiffen die Ponys aus der Marsch nach Hause. Sie kamen in Galoppsprüngen herbei, eifrig bestrebt, aus dem Unwetter herauszukommen. Es geschah nicht oft, dass sie so viel Heu bekamen, wie sie fressen konnten, und dazu noch ein warmes, schützendes Dach.
Paul griff nach einem Heubündel und lief auf Mistys Stall

zu. Er fand sie unruhig stampfend und um sich beißend, aber der Grund hierfür war wohl das kleine Fohlen, das sie trug, nicht das Wetter. Der Wind trieb die Spinnweben über ihrem Fenster bis tief in den Stall hinein. Paul nagelte einen Strohsack an den Fensterrahmen, um die Kälte abzuhalten. Dann war er beruhigt und gab Misty einen leichten Klaps auf die Hinterbacken. Beim Hinausgehen schob er oben und unten die Riegel vor die Tür. Er traf Großpapa, der vier kleine Stockenten aufhob, die zum Fliegen zu klein waren. Er steckte sie in einen hochgelegenen Bauer im Heuschober. Die Pfauen und Perlhühner hockten schon in den Fichten. Erregt durch den Sturm und die lauernde Gefahr, lief Skipper, der Hund, voraus, wohin auch immer Großpapa und Paul gingen. Vor der Küchentür verließ er sie und sprang auf sein Lager im Lastauto, mehr aus Gewohnheit, als um vor dem Unwetter Schutz zu suchen.

Im Haus war es warm und behaglich. Das Feuer knisterte im Herd, der Austernauflauf verbreitete köstlichen Duft, und aus dem Radio im Wohnzimmer ertönte der traurige Gesang eines Cowboys:

„Oh, gib mir ein Heim,
Wo der Büffel haust,
Das Reh und die Antilope –“

„spielen“ – dieses Wort, das Ende des Liedes, kam nicht mehr!

Die Musik verstummte, als ob jemand sie abgestellt hätte. Im selben Augenblick wurde es in der Küche so finster wie in einem Fuchsbau.

Ein seltsames, kaltes Grauen überfiel das Haus. Eine Zeit lang standen sie alle wie angewurzelt.

Schnell und bestimmt befahl Großpapa: „Paul, du fährst sofort hinüber zu Barrets Laden und holst eine Gallone Öl. Maureen, knülle altes Zeitungspapier zusammen, um –"

„Clarence!", rief Großmama aus, „Paul ist doch nicht alt genug, mit dem Auto zu fahren, dazu gegen diesen Sturm!"

„Idy, es muss unbedingt sein. Ich bin der Einzige, der weiß, wo die alte Schiffslaterne der ‚Alberta' auf unserem Hausboden zu finden ist. Außerdem wohnen die Barrets jetzt in Rattlesnake Ridge, einen Katzensprung von hier entfernt."

Paul eilte wie der Blitz aus dem Haus, und Großpapa zog im Flur die Leiter herunter, um durch die Öffnung auf den Boden zu klettern.

Als er mit der Laterne wieder herunterkam, gab er sie Maureen. „Wie ich schon sagte, Liebling, zerknülle ein paar Zeitungen und putze den Zylinder der Laterne schön blank, und dann schneide das schwarze Stück vom Docht ab. Hier, du kannst zum Arbeiten meine Taschenlampe nehmen."

Sekunden vergingen, und die Minuten krochen langsam dahin. Paul hätte schon längst zurück sein müssen! Großpapa blickte durch das Fenster, um zu sehen, ob die Lichter des Autos aus der Dunkelheit aufblinkten.

Als Paul endlich ins Haus stürzte, stellte er den Ölkanister auf den Tisch, ohne ein Wort zu sagen. Großmama öffnete den Behälter der Laterne schnell und schüttete etwas Öl hinein.

„Nun?“, fragte Großpapa, während er ein Streichholz anzündete und den Docht ansteckte. Langsam drehte er ihn hoch und beobachtete die Flamme. „Wo warst du denn? Deine Großmama ist vor Angst bald verrückt geworden! Was hat dich denn so lange aufgehalten?“

„Ich bin auf der Hauptstraße im Schlamm versunken. Das Wasser aus der Bucht überflutet die Straße, und viele Autos sind stecken geblieben! Der Hauptmann der Feuerwehr musste mich herausschieben!“

„Oh!“, rief Großpapa erschrocken. „Dann ist es wohl besser, du fährst das Lastauto auf den höher gelegenen Platz am Zaun, Paul. Sollte der Sturm noch stärker werden, dann kann niemand voraussagen, wie weit er die Fluten in das Land hineintreibt.“

4 Der Sturm singt sein Lied

Die Gewalt des Sturmes nahm zu, während Paul das Auto höher hinauffuhr. Wenn er sich beeilte, konnte er noch einmal nach Misty sehen. Skipper schien seine Gedanken zu erraten und lief mit ihm; aber er rannte nicht voraus, sondern blieb Paul dicht auf den Fersen, als ob er sagen wollte: „Besser zwei als einer gegen den Sturm!"

Der Wind packte sie wie mit eisernen Fäusten. Paul konnte kaum Luft holen; er kämpfte sich vorwärts, reckte sich und griff nach der Wäscheleine. Vielleicht war dies die letzte Gelegenheit, das Haus zu verlassen! Man stelle sich vor, Misty hätte inzwischen ihr Fohlen bekommen und ließe es vor lauter Angst im Stich! Oder aber, es könnte bei der Geburt ersticken!

Er stolperte über eine Baumwurzel, und nur die Wäscheleine bewahrte ihn vor dem Sturz. Doch nun konnte er weitergehen, denn er hatte den Pfosten erreicht, von dem aus die Wäscheleine zurück zum Haus führte. Das war der Zaun! Jetzt hatte er ihn erreicht, und er zwängte sich zwischen den Stangen hindurch. Er kam zum Schuppen und rief Mistys Namen.

Sie kam auf ihn zu, und ihr warmer Atem streifte sein Gesicht. Mit beiden Armen umfing er sie. Das Fohlen lag noch immer geborgen in ihrem Leib. Eine Welle der Liebe und Erleichterung überflutete ihn, während er sich gegen sie lehnte und beglückt die Wärme ihres Körpers spürte.

Da stand er nun und hätte gern gewusst, was sie zu ihm sagen würde, wenn sie sprechen könnte. Ob sie überhaupt etwas dachte oder nur einfach zufrieden war, während sie sich Trost suchend an ein mitfühlendes Wesen drängte.
Skipper schnüffelte zwischen ihnen herum, schubste zuerst den einen, dann den anderen und bettelte um ihre Freundschaft.
„Bleib du nur die Nacht bei ihr, kleiner Kerl!“, sagte Paul. „Dann könnt ihr euch gegenseitig wärmen.“

Widerstrebend ging er fort und rannte auf das Haus zu. Sturm und Regen kamen jetzt von hinten und trieben ihn voran, als ob er ihnen im Wege wäre.
In der Küche dagegen war es gemütlich und warm, und der beißende Geruch der Öllampe berührte ihn sogar angenehm. War das Licht auch schwach, so verriet es dennoch die sorgenvollen Mienen in Großmamas und Großpapas Gesicht. Maureen aber summte glücklich vor sich hin, den Kopf über eine Anzahl von gefalteten Doppelkarten gebeugt. „Wait-a-Minute“ hockte auf ihrer Schulter und schnurrte laut.
Paul hob die Katze hoch und wärmte sich die Finger in ihrem Fell. „Was machst du da, Maureen?“, fragte er.
Sie faltete eine Karte und hielt sie triumphierend hoch.
Paul hielt die Karte nah ans Licht, las neugierig und war überrascht. Oben auf der Seite waren drei Pferdeköpfe gemalt. Der linke war bestimmt Misty, und der rechte hätte irgendein Pferd darstellen können, wenn nicht der Name

„Wings" darunter gestanden hätte. Zwischen beiden Zeichnungen sah Paul in einem kleinen Oval das haarige Gesicht eines Fohlens und darunter eine Linie, auf die später der betreffende Name gedruckt werden konnte.
„Sehr hübsch, was, Paul?", meinte Großpapa.
„Falte die Karte nun mal auseinander", drängte Großmama.
Paul schlug sie auf und las laut vor:

„Kleines Fohlen noch ohne Namen.
Eltern: Misty und Wings (der niemals geritten worden ist).
Misty, Eltern: Phantom und Pied Piper;
Wings, Eltern: eine wilde Stute und ein wilder Hengst."

Paul zupfte an seiner Stirnlocke, während er nachdenklich den Stammbaum studierte.
„Etwas daran ist nicht richtig", sagte er kritisch.
„Oh, Paul, ich kann doch nicht so schön malen wie du!"
„Das meine ich nicht, Maureen. Die Bilder sind sehr hübsch, besser, als wenn ich sie gemalt hätte", gab er ehrlich zu. „Aber bei einem Stammbaum wird immer zuerst der Name des Hengstes und seiner Familie genannt."
„Aber bedenke doch, Paul, wie Mistys Mutter Phantom bei jedem Wildpferdefang die Treiber überlistet hat, bis eines Tages Misty geboren wurde! Pied Piper fingen sie jedes Jahr ein, und wenn es damals nicht des kleinen Fohlens Misty wegen gewesen wäre, nie und nimmer hätten sie seine Mutter Phantom erwischt! Denkst du noch daran?"
„Natürlich erinnere ich mich! Ich war es doch, der Misty

geholt hat – oder etwa nicht?" Er hielt inne und dachte einen Augenblick nach. „Aber ich glaube, du hast Recht, Maureen. Dieser Stammbaum ist etwas anderes. Misty und Phantom müssen an erster Stelle stehen."

Plötzlich flammte das elektrische Licht wieder auf, und eine Stimme im Radio plärrte – „ist vom schlimmsten Schneesturm dieses Winters getroffen worden. Fünfunddreißig Zentimeter Schnee sind in Zentral-Virginia gefallen, und es schneit weiter. In Atlantic City hat die Sturmflut die berühmte Strandpromenade unterhöhlt. Große Strecken sind zerstört –"

Die Stimme brach mitten im Wort ab. Wieder wurde das Haus in Finsternis getaucht, man sah nur den Schein der Laterne und den gelblichen Streifen des Lichtes um den Deckel auf dem Herd.

„Das Abendbrot ist fertig", verkündete Großmama und gab sich Mühe, besonders sorglos zu sprechen. „Ich hoffe, wir finden alle unseren Mund im Dunkeln. Diese Austern", sagte sie und füllte jedem eine Portion auf den Teller, „sind ganz besonders fett, und das Weißbrot ist so fein und leicht wie eine – wie eine –"

„Leicht wie eine Motte?", sagte Paul schlagfertig.

„Nun, so leicht auch wieder nicht", antwortete Großmama.

Sie saßen schweigend am Tisch und lauschten dem Sturm, der um das Haus fegte.

Großpapa aß mit Appetit. Er verspeiste eine Auster, dann

noch eine. „Nun lasst den Sturm heulen“, sagte er, „und den Regen herniederprasseln und die Flut steigen. Wir sind jedenfalls alle beieinander unter einem warmen Dach.“

5 Neunzig Ponys

Bevor sie sich das zweite Mal genommen hatten, brach der Sturm mit voller Gewalt los. Er stürzte sich wie ein böser, um sich schlagender Riese auf das offene Meer, ließ das Haus in seinen Grundfesten erzittern, riss an den Fensterläden und krallte sich in die Schindeln.
Die Küche, noch vor kurzem der behagliche und sichere Hort, schien plötzlich so gefährdet wie eine zerbrechliche Eierschale.
Großpapa rannte mit den Kindern an das Wohnzimmerfenster. Sie konnten durch die Scheiben nicht das Geringste erkennen; nur der windgepeitschte Regen, ja, Ströme von Regen flossen an den Scheiben hinunter und drangen durch die Ritzen. Alle paar Minuten schoss vom Leuchtturm drüben auf Assateague ein geisterhafter Lichtstrahl durch die Sintflut – dann herrschte wieder tiefste Finsternis.
Maureen zog Großpapa am Ärmel. „Großpapa, wenn nun Misty ihr Fohlen bekommen hat? Vielleicht gerade in diesem Augenblick? Muss es dann sterben?"
Paul war in der gleichen Sorge. „Großpapa!", schrie er. „Wir wollen zu ihr gehen!"
Aber Großpapa stand da wie abwesend. Er war sich des Sturmes gar nicht mehr bewusst, sondern erlebte im Geiste jene andere Sturmflut vor langer, langer Zeit. Der Sturm und die Brandung waren es gewesen, die das spanische Schiff zerstört und die Ponys hierher gebracht hatten. Wie,

wenn nun Wind und Wellen sie wieder verschlingen und wieder fortschwemmen würden! In seinen düsteren Gedanken sah er die Ponys sich gegen die Trümmer wehren, nach Luft ringen und um ihr Leben kämpfen.

Pauls Stimme war wie gebrochen, aber Großpapa kannte nur zu gut alle seine Fragen, auch ohne die Worte zu hören. Eine Antwort hatte er nicht für ihn, denn auch er sorgte sich um Misty. Er legte den einen Arm um Pauls und den anderen um Maureens Schulter und zog sie vom Fenster zurück an seine Seite auf das Liegesofa.

„So, Kinder, nun schaltet mal ganz ab und lasst uns von ruhigeren Zeiten sprechen. Ich denke gerade an den Tag der Militärparade, als ich die kleine Misty ritt, während ihr beide mit Windpocken im Bett lagt. Erinnert ihr euch noch daran?“

„Ja!“, erwiderten sie höflich, und Großpapa zuliebe bat Paul: „Erzähl uns davon.“

„Nun, ich höre heute noch, als ob es erst gestern gewesen wäre, die Musikkapelle eurer Schule, wie die Bläser in die Trompeten stießen. Alle trugen blaue Uniformen mit Ärmelaufschlägen, auf denen die Chincoteague-Ponys in Gold aufgestickt waren. Und dann folgte der Musik die Küstenwache mit ihren Fahnen an langen Stangen, und gleich dahinter ritt ich zusammen mit den Feuerwehrleuten.“

Von nun an waren die Kinder eingesponnen in das Schauspiel aus der wohl bekannten Geschichte!

„Misty, sie ging nicht im gleichen Paradeschritt mit den

Feuerwehrmännern. Sie kam daher, schwebend wie eine Feldlerche, und überall auf ihrem Wege wurde sie mit Hochrufen begrüßt. Plötzlich aber sah sie eine Schlange! Es war eine Viper, die sich mitten auf der Straße niedergelassen hatte. Misty stieg kerzengerade hoch, dann trat sie sie tot, während sämtliche Autos hinter dem Zug anhalten mussten, weil die Parade ins Stocken geraten war."

Großpapa hielt einen Augenblick inne. Seine Erzählung erfüllte die Kinder mit Stolz und Freude zugleich. „Ich sage euch, sie war so aufgeregt über die Schlange, dass sie mich beinahe abgeworfen hätte, als sie sie tottrat. Aber ich saß fest im Sattel wie ein Stock, und dann ließ ich die Zügel locker, damit sie sich beruhigte, und –"

Maureen unterbrach ihn. „Großpapa, du hast ganz vergessen, von unserem kleinen Hund zu erzählen!"

Großpapa zwinkerte Großmama zu. Der Trick hatte sich gelohnt. Er hatte die Kinder von ihrer Angst abgelenkt. „Donner und Doria!", sagte er kichernd. „Das habe ich tatsächlich vergessen! Wie hieß der kleine Kerl eigentlich noch?"

„Ach, du! Whiskers hieß er, Schnurrbart!", erwiderte Maureen schnell.

„Natürlich!", sagte Großpapa und zog an seinen Schnurrbarthaaren, als ihm der Name wieder einfiel. „Also, das Hündchen saß hinter mir auf dem blanken Pferderücken, und als Misty stieg, schlug es in der Luft einen Purzelbaum! Aber wisst ihr was? Es fiel auf die Füße und sprang dann sofort wieder hoch auf den Pferderücken, nachdem die Schlange tot war. Und dann gewann Misty einen schönen

goldenen Pokal, weil sie von allen Ponys der Parade das schnellste und mutigste gewesen ist."
„Und das alles, bevor sie eine Berühmtheit im Film wurde!", fügte Paul hinzu.

Großpapa hielt inne und suchte krampfhaft nach einer anderen Geschichte. Während des kurzen Schweigens schwirrte ein heftiger Windstoß in den Telefondrähten, und unter den Dachtraufen heulte es schaurig.
Maureen wurde kreidebleich. „Oh, Großpapa", wimmerte sie, „muss Mistys Baby sterben?"
„Nein, mein Kind, wie oft soll ich dir noch sagen, dass ich der älteste Ponyzüchter auf dieser Insel bin. Und weil ich mit allem vertraut bin und genau Bescheid weiß über alles, was mit den Ponys zusammenhängt, bin ich überzeugt, Misty hält durch, bis der Sturm vorüber ist und die Sonne wieder scheint – so glänzend und hell wie die Kugeln am Weihnachtsbaum!"
Großpapa brach die Unterhaltung ab. „Ich habe noch andere Sorgen als nur um Misty", sagte er. „Die Stute ist auf dem hoch gelegenen Platz im warmen Stall genügend geschützt. Aber wie mag es all meinen Ponys in Deep Hole ergehen?" Er stand vom Sofa auf. „Ich werde Tom Reed anrufen."
„Clarence", meinte Großmama vorwurfsvoll, „Tom Reed geht früh ins Bett. Auch wir sollten uns hinlegen. Es ist neun Uhr vorbei."
„Das ist mir gleich, und wenn es Mitternacht wäre!", brach

es plötzlich aus ihm heraus. „Ich muss ihn anrufen!" Aber er ging nicht zum Telefon; er blieb plötzlich stehen, die Hände zu Fäusten geballt. „Ich glaube, ich muss euch mal etwas erklären", sagte er wie entschuldigend.

Keiner half ihm mit einer Frage. Sie waren zu bestürzt.

„Das Einzige auf dieser Welt sind für mich die Ponys! Und bei jedem Wildpferdefang kaufe ich ein paar junge hinzu." Seine Worte überstürzten sich jetzt. „Manche Menschen legen ihr Geld in Versicherungen und ähnlichen Dingen an, aber ich habe meines immer für Ponys ausgegeben. Und nun habe ich neunzig Stück, die mir gehören! Und sie weiden in Deep Hole und in Tom Reeds Waldungen. Ich muss wissen, wie es ihnen geht!"

„Neunzig Stück?" Großmama stand fast das Herz still! „Ich hatte keine Ahnung, dass es so viele sind!"

„Nun, es stimmt aber", sagte Großpapa mit gepresster, sorgenvoller Stimme. „Verschlingt der Ozean sie, dann sind wir erledigt!" Er blickte auf die Kinder. „Dann gibt es für unsere zweite Generation keine weitere Schulbildung mehr!" Er riss sich an den Haaren, und die Sorge zerfurchte sein Gesicht. „Eines der Ponys ist Wings!"

„Oh nein! Oh nein!", jammerte Maureen und war dem Weinen nahe, als hätte sie einen guten Freund verloren.

„Nein! Nein! Nicht Wings!", schrie Paul.

„Wer ist Wings?", wollte Großmama wissen.

„Ach, Großmama", sagte Paul, „das ist der brandrote Hengst, der im vergangenen Frühling Misty für zwei Wochen weggelockt hat. Erinnerst du dich? Er ist der Vater von Mistys ungeborenem Fohlen!"

6 Ozeanus

„Versuche es noch einmal, Lucy, bitte, noch einmal!“, bat Großpapa die Telefonistin.

Paul und Maureen saßen ängstlich lauschend zu Großpapas Füßen auf der Erde. Großmama trug die Laterne herein und stellte sie neben ihn auf das Klavier, als ob sie bei Licht besser hören könnten.

Nach unerträglichem Warten rief Großpapa laut: „Tom! Bist du es, Tom? Wie geht es den Ponys?“

Pause.

„Was hast du gesagt? Du bist in Sorge wegen der Hühner deines Sohnes?“ Großpapa legte die Hand auf das Mundstück und knurrte ärgerlich. Er bemühte sich, die Ruhe zu bewahren. „Nun gut, erzähle mir von den Hühnern, aber beeile dich.“

Er hielt den Hörer in einiger Entfernung von seinem Ohr, sodass die anderen mithören konnten.

„Mein Sohn“, Tom Reed sprach ebenso laut wie Großpapa, „hat, wie du weißt, neben meinem Haus eine Hühnerfarm.“

„Nun mach schon voran! Das weiß ich.“

„Er hat vier Kükenhäuser gebaut und kommt gegen acht Uhr heute Abend, und der Wind stürmt und heult, und die Öfen verbrauchen infolgedessen viel mehr Kohle als sonst.“

„Das kann ich mir denken!“, sagte Großpapa verdrießlich. „Aber wie steht es mit –“

„Er musste mehr Kohlen auflegen und bat mich ihm zu helfen, als die Flut noch nicht so hoch war. Aber nachdem wir die Kohlen aufgeschüttet hatten, kehrte er nach Hause zurück. Und ungefähr eine Stunde später ruft er mich an, ganz außer Atem! ‚Die Flut steigt immer schneller‘, sagte er, ‚der Sturm nimmt zu! Ich kann nicht herüberkommen! Kannst du für mich die Kohlen aufschütten?‘ Ich machte mich auf den Weg –“

Großpapa erstarrte. „Was hast du vorgefunden, Tom? Etwas von meinen Ponys gesehen?“

„Alle ertrunken!“

Der alte Mann stieß einen Schrei aus: „Alle neunzig?“

„Sie waren alle ertrunken! Zweitausend kleine Küken! Sie hockten in ihren Warmhäusern, als schliefen sie. Das Wasser scheint gleich unterhalb ihrer Plätze hochgestiegen zu sein. Ich nehme an, dass sie noch zwei-, dreimal Luft geschnappt haben und dann alle starben.“

„Oh!“ Großpapa wappnete sich mit Geduld. Es tat ihm Leid um die Küken, aber er musste wissen, wie es um die Ponys stand! Er räusperte sich und beugte sich vor. „Tom!“, rief er laut. „Was ist mit meinen Ponys?“

Eine lange Pause. Dann stotterte die Stimme am anderen Ende der Leitung: „Ich weiß es nicht, Clarence, aber kein Grund zur Sorge – bis jetzt! Die Hengste sind wetterfühlig. Sie treiben ihre Stuten rechtzeitig auf die kleinen Hügel.“

Großpapa wagte kaum zu atmen. Sein Gesicht lief dunkelrot an.

„Sie müssen diesen Sturm gespürt haben“, fuhr die Stimme fort, „denn als ich sie abends tränkte, versuchten sie in der Nähe des Hauses zu bleiben. Aber ich habe sie, wie immer, auf die tiefer gelegene Weide getrieben. Ich werde nachher mit meiner Taschenlampe losgehen und nachsehen. Ruf mich wieder an, Clarence.“

Es knackte, aber die Kinder konnten nicht sagen, ob das Geräusch von Großpapa kam oder aus der Leitung.

„Hörst du mich, Clarence? Ich gehe jetzt. Ruf mich wieder an.“

Großpapa legte den Hörer auf die Gabel, ging zum Fenster und starrte mit gesenktem Kopf hinaus. Niemand wagte zu sprechen. Ihre Welt schien zu wanken wie ein kleiner Felsblock auf einer Klippe.

Die Stille im Raum wurde unheimlich, nur der Wind heulte. Plötzlich drehte sich Großpapa um, und aus seinen Augen schossen Blitze. „Idy, spiele uns etwas Lautes auf dem Klavier! Marschmusik meinetwegen oder ein Lied, das den Sturm übertönt. Und ihr, Paul und Maureen, hört auf zu gaffen, steht vom Fußboden auf und singt, aber laut und kräftig! Alles Jammern nützt uns nicht einen Deut!“

Großmama fühlte sich erleichtert, weil sie etwas tun konnte.

Laut und klangvoll setzte die Musik ein, und die Kinder sangen mit kräftigen Stimmen.

Leise ging Großpapa auf Zehenspitzen in den Flur, zog Gummistiefel und Regenmantel an und verschwand im

Dunkel der Nacht. Fast wäre ihm ein Stück Holz an den Kopf geflogen, als er die Stufen hinabging. Ein Stück aufgeweichtes Papier schlug ihm mitten ins Gesicht! Er wischte es fort und schaltete die Taschenlampe ein, um den Weg zum Zaun zu finden. Aber da war kein Weg mehr, alles war überflutet. Er zog den Kopf tief in seinen Regenmantel ein und schlurfte vorwärts, gegen den Wind gebeugt. „Ein Hurrikan ist es nicht, es ist nichts weiter als die Hochflut!“, sagte er vor sich hin. „Aber es gefällt mir keineswegs, weil Misty so unmittelbar vor dem Fohlen steht.“
Im Stall war es trocken und warm. Misty lag auf der Streu und schlief, Rücken an Rücken mit Skipper. Der Lichtschein weckte den Hund, der blinzelnd aufsprang. Er hätte Großpapa fast umgerissen mit seiner stürmischen Begrüßung. Misty riss das Maul weit auf und gähnte Großpapa ins Gesicht.
Er musste lachen. „Nun sieh einer an!“, sagte er zu sich. „Da braucht man sich keine Sorge zu machen. Pferde benehmen sich viel vernünftiger als Menschen.“ Er suchte in seinen Taschen, entdeckte ein paar Tabakkrümel und dachte: Ob sie wohl auf dich zukommt! Und das tat sie auch. Er war glücklich, ihre Zunge auf seiner Hand zu spüren und im Schein der Taschenlampe in ihre glänzenden Augen zu sehen.
Liebevoll wischte er seine feuchten Hände an ihrem Nacken ab und sagte: „Ich musste zu dir kommen, Misty. Aber nun weiß ich, dass es dir gut geht. Morgen früh besuche ich dich wieder, und bis dahin wird das viele Wasser ins Meer zurückgeflutet sein, wohin es gehört.“

Als er in die Küche zurückkehrte, stand Großmama mit dem Besen in der Tür. „Gott sei Dank! Dir ist nichts zugestoßen!“, rief sie. „Ich musste die Kinder mit Gewalt zurückhalten, sie wollten hinter dir herlaufen.“

„Großpapa! Ist das Fohlen angekommen?“, fragten Paul und Maureen atemlos.

„Keineswegs. Und meiner Meinung nach wird es auch noch etwas dauern. Nun aber marsch ins Bett! Alles ist in Ordnung, das sollten wir bedenken.“

„Paul und ich können aber noch nicht ins Bett gehen!“, widersprach Maureen.

„Und warum nicht?“

„Wir haben noch keine Schularbeiten gemacht!“

„Clarence“, sagte Großmama. „Du bist ganz übermüdet und kannst auch Tom Reed nicht mehr anrufen, da unser Telefon gestört ist. Es ist stumm wie ein Türknauf! Nun geh schon zu Bett. Ich kümmere mich um die Schulaufgaben, und dann kann auch niemand mehr hinter meinem Rücken im Haus umherschleichen.“ Großpapa sagte allen Gute Nacht und knöpfte schon im Hinausgehen seine Hosenträger los.

„Ich komme mir vor wie Präsident Abraham Lincoln, wenn ich bei der Kerze arbeite“, sagte Maureen.

„Und ich wünschte, du hättest etwas mehr Ähnlichkeit mit ihm, anstatt mit deiner ungebürsteten Mähne auszusehen wie ein wildes Pferd!“

„Puh! Dein Haar ist wie ein Stoppelfeld!“

„Still, Kinder!", unterbrach Großmama. „Entweder ihr geht ins Bett, oder ihr macht euch an eure Schularbeiten."
Paul überlegte. Dann öffnete er schnell sein Naturkundebuch. Aber schon bei der ersten Seite stieß er einen lauten Pfiff aus. „Hört mal zu. Wenn die Alten gewusst hätten, aus was die Erde wirklich besteht, dann hätten sie sie ‚Ozeanus' genannt und nicht ‚Erde'. Riesige Meere bedecken siebzig Prozent ihrer Oberfläche, also besteht unser Planet zum großen Teil aus Wasser!"
„Das ist aber sehr merkwürdig", sagte Großmama und legte ein paar Holzscheite in den Ofen.
„Ja", schmollte Maureen, „das ist natürlich viel spannender als auszurechnen, wie man 10214 durch 97 teilt."
Paul blieb bei seinem Kapitel wie ein Pastor bei seiner Predigt. „Hört zu! Die Menschen pflegten zu behaupten, die Flut sei der Atem der Erde. Jetzt aber wissen sie, dass sie hervorgerufen wird durch die Anziehungskraft von Mond und Sonne."
„Ich muss sagen", erklärte Großmama, „dass ich eine Gänsehaut bekomme, wenn ich darüber nachdenken soll."
„Lies weiter!", rief Maureen. „Was kommt jetzt?"
Paul las mehr für sich und nur halblaut: „Wenn Mond, Sonne und Erde auf der gleichen Linie stehen – wie bei Neu- und Vollmond – dann ist die Anziehungskraft von Mond und Sonne so stark, dass die Flut ungewöhnlich hoch steigt und wir sie als ‚Springflut' bezeichnen."
Großmama, im Schaukelstuhl, wiederholte: „Ich muss sagen – ich muss sagen –", bis ihr der Kopf auf die Brust sank. Dann fuhr sie plötzlich hoch und sah auf die Uhr. „Paul

Beebe! Hör sofort auf! Es ist zehn Uhr vorbei, und – Schulaufgaben hin, Schulaufgaben her – jetzt wird ins Bett gegangen, und zwar sofort!“

7 Die Sturmflut kommt

Die ganze Nacht hindurch hörte Paul den Regen herniederströmen und den Sturm, der die kahlen Weinranken vor seinem Fenster peitschte. Er hörte es sogar in seinen Träumen. Als der Tag graute, murmelte er schlaftrunken: „Ozeanus hätten sie sie nennen sollen – Ozeanus – Ozeanus."
Er erwachte von seinen eigenen Worten. Kaum hatte er mit den Zehen den kalten Fußboden berührt, da rannte er zum Fenster und zog den Vorhang zur Seite. Entsetzt starrte er hinaus.
Überall Wasser, rundherum! Die Flut war nicht zurückgegangen. Sie war gestiegen, schmutzig und braun, voller Sand und Strandgut. Jetzt leckten die Fluten am Unterbau des Hauses. Plötzlich wusste Paul, dass es nicht nur der Regen gewesen war, den er in seinen Träumen gehört hatte. Es war das Meer bei seinem Marsch auf das Haus zu!
Auf einmal durchzuckte ihn der Schreck wie ein Schmerz. Misty war ertrunken! Sie war ertrunken, weil sie in einem Stall eingeschlossen war! Er selbst hatte sie eingeriegelt und gefangen gesetzt! Wenn er sie doch nur damals, vor langer, langer Zeit, zurückgeschickt hätte nach Assateague, zusammen mit den wilden Tieren, zu denen sie gehörte! Dann hätte sie die Weißen Hügel hinaufstürmen können und wäre gerettet worden. Wenn doch – wenn – !
Wütend über sich selbst, als sei er verantwortlich für den Sturm, zog er seine blauen Leinenhosen über den Schlafan-

zug. Dann rief er nach Großpapa, als er durch das stille Haus in den rückwärtigen Flur ging.

Der alte Mann war schon da und zog seine hohen, bis zu den Hüften reichenden Stiefel an. „Sch! Sch!“, flüsterte er. „Lass Großmama und Maureen schlafen. Es kann sein“, sagte er mit gepresster, bitterer Stimme, „dass niemand mehr helfen kann.“

Paul hoffte, dass Großpapa seine zitternden Hände, mit denen er seine Jacke zuknöpfte, nicht sehen würde. Aber Großpapa raffte eifrig einen Haufen verschiedener Gegenstände zusammen: ein paar alte, zerrissene Badetücher, eine Thermosflasche mit heißem Wasser, eine Büchse Hafermehl und einen kleinen, braunen Beutel. „Pass auf, dass er nicht nass wird“, warnte er. „Im Beutel ist Zucker – für den Notfall.“

Er öffnete die Tür, und der alte Mann und der Junge wagten sich in den furchtbaren Sturm, der mit hundert Stundenkilometern daherbrauste. Der plötzliche Druck nahm Paul beinahe den Atem. Der Regen trübte seine Augen, sodass er nichts sehen konnte. Er fühlte, wie Großpapa seinen Arm fest durch den seinen zog. Eng aneinander gepresst, warfen sie sich dem Sturm entgegen und arbeiteten sich mühsam, bis an die Knöchel im strömenden Wasser, vorwärts. Paul schlug das Herz bis zum Hals, und er betete inbrünstig: „Lieber Gott! Lass die Flut zurückgehen, wohin sie gehört. Bitte! Nimm sie zurück!“

Während sie weiter taumelten, sahen sie, wie Großmamas

kleine, kürzlich ausgebrütete Küken an ihnen vorüber, mit der Flut ins Meer hinaustrieben. Und sie sahen, wie zwei gackernde Hennen, die Füße im Seetang verheddert, strampelten, um ihre Jungen zu erreichen. Aber die waren schon nicht mehr zu sehen. Auch Paul und Großpapa waren machtlos und konnten sie nicht retten.

Benommen und erschöpft erreichten sie den Schuppen und stellten erleichtert fest, dass er im Windschutz stand. Sie atmeten ruhiger unter dem schützenden Dach, und Paul sagte sich, dass der Sturm, wenn sie die Tür öffneten, wenigstens nicht hineinwehen konnte.

Großpapa stellte die Thermosflasche hin. Paul öffnete die Tür einen kleinen Spalt. Voller Sorge und Ungewissheit lugten sie hinein. Ungläubig standen sie da und staunten! Maureen, pitschnass wie ein Fisch oder eine Meerjungfrau, lag schlafend auf Mistys Rücken, und Skipper schlief zu ihren Füßen, zusammengerollt wie ein Fellknäuel.

Als die Tür in den Angeln knirschte, scheute Misty, und Maureen fiel vor Schreck herunter. Sie sprang hoch wie ein Stehaufmännchen.

„He, niemals hätte ich –", stieß Großpapa hervor, während Paul hineinging. „Sieht so aus, als ob wir hier Eindringlinge wären, wie, Paul?"

Pauls Überraschung schlug in Groll um. „Du hättest mich wenigstens wecken können, Maureen!"

„Und wer macht sich für gewöhnlich allein davon?"

„Wer?"

„Du! Denk nur daran, wie du Großpapas Boot geklaut hast und ganz allein nach Assateague gerudert bist."

„Ach, das meinst du! Das war kein Ort für Mädchen!"
„Hört auf!", rief Großpapa, gab Maureen einen leichten Klaps und wandte sich an Paul. „Wir haben hier alle genug zu tun. Ihr beide bereitet einen heißen Brei für Misty, und ich gehe hinunter zum Heuschober und sehe nach Watch Eyes, Billy Blaze und den Stuten. Wartet hier auf mich."

Später, beim Frühstück, wollte Paul Großmama von ihren Küken berichten, aber er brachte es nicht übers Herz. Sie rührte im Haferbrei und versuchte, ihre Sorgen durch nervöses Reden zu verbergen. „Kinder, gestern sagtet ihr: ‚Es gibt Zeiten, zur Schule zu gehen, und Zeiten, da man zu Hause bleibt'. Nun, jetzt ist die Zeit gekommen, zu Hause zu bleiben! Ich möchte nicht, dass ihr noch einmal hinausgeht und euch eine böse Lungenentzündung holt."
„Du hast ganz Recht, Idy", stimmte Großpapa zu. Paul und Maureen nickten nur, denn dieses Mal hatte ein freier Schultag nichts Verlockendes. Sie aßen schweigend.
„Ich habe das Gefühl", meinte Großmama, „dass ihr es nicht einmal merken würdet, wenn ich euch heute anstatt Haferbrei Sägemehl vorsetzte."
Nachdem Großpapa die Hälfte vom Brei gegessen hatte, schob er den Teller zur Seite. „Das Essen bleibt mir im Halse stecken", sagte er, stand vom Tisch auf, beugte sich über den Herd und rieb sich die Hände. „Jedenfalls sind
 wir übel dran", seufzte er schwer. „Unser altes Fährboot ist während der Nacht verschwunden, und wahrscheinlich sind auch unsere neunzig Ponys in Deep Hole verloren."

Ein Zittern durchlief seinen Körper. „Aber wie dem auch sei", fuhr er ruhig fort, „wir können doch noch von Glück sagen."
Maureen setzte sich kerzengerade hin. „Ihr habt mich und Paul!", sagte sie mit ernstem Gesicht.
„Das ist genau das, was ich meine. Wir haben zwei kräftige Enkelkinder, denen es nichts ausmacht, wenn sie sich ducken und am gleichen Strick mit uns ziehen müssen."
Paul stand auf. Er fühlte, dass er genügend Kraft und Mut hatte, um überall zupacken zu können. „Ich gehe mit dir, Großpapa."
„Woher weißt du denn, dass ich die Absicht habe, irgendwohin zu gehen? Aber es stimmt! Ich will zur Stadt hinunter. Kann sein, dass dort die Menschen auf Rettung warten."
Großmama presste die Lippen fest aufeinander. „Du kannst nicht gehen! Da ist doch keine Straße mehr! Das Wasser wird dir bis über die Stiefel reichen!"
„Beruhige dich, Idy. Der Wind lässt schon etwas nach, und Billy Blaze und Watch Eyes sind es gewohnt, durchs Wasser zu waten. Können sie nicht laufen, dann schwimmen sie eben. Bist du fertig, Junge?" Paul warf Maureen einen triumphierenden Blick zu, schämte sich aber im gleichen Augenblick.
„Clarence!", flehte Großmama und machte den Versuch, die Männer im Haus zu halten. „Ich will nicht, dass du fortgehst und dich überanstrengst. Wir beide", fuhr sie fort, „fangen an, alt zu werden. Außerdem wird bald das Telefon wieder in Ordnung sein und das elektrische Licht,

und dann können wir alle gemütlich beieinander sitzen und im Radio die neuesten Nachrichten hören."

„Wenn jeder zu Hause bleiben wollte, Idy, dann könnte es vielen Menschen ähnlich ergehen wie deinen Küken, die ins Meer geschwemmt wurden." Er hielt sich die Hand vor den Mund, denn er hatte nicht die Absicht gehabt, es ihr zu sagen. Aber nun war es zu spät.

Großmamas Augen füllten sich mit Tränen. Sie bedeckte das Gesicht mit den Händen. „Meine armen, kleinen Hühnchen", flüsterte sie, „mit ihrem weichen, gelben Flaum und den runden Kulleraugen!" Sie wischte sich die Tränen mit der Schürze ab. „Nun gut, geht nur", sagte sie. „Ich habe nur die eine Hoffnung, dass deine Ponyherde drüben auf Toms Weide nicht das gleiche Schicksal getroffen hat!"

Großpapa legte seine Hand sanft auf ihre Schulter.

„Das ist auch einer der Gründe, weshalb ich gehen muss", sagte er. „Soll ich irgendwo helfen, dann kann ich mich nicht gleichzeitig um meine Herde grämen. Hat sie die Nacht überstanden, dann wird sie auch den Tag durchhalten. Und sollte es anders sein –"

„Ich werde auf Misty Acht geben", bot sich Maureen an. „Und wenn es irgendwelche Schwierigkeiten gibt, dann ist Großmama da, die ja Bescheid weiß."

8 In Barretts Laden

Während Paul und Großpapa sich auf den Weg zu Watch Eyes und Billy Blaze machten, hatte der Sturm sich auf fünfundsiebzig Stundenkilometer verringert. Die Flut aber kam näher und näher, als ob sie dieses Stück Land zurückfordern und ins Meer zurückholen wollte. Rollend und schäumend stieg das Wasser unaufhaltsam weiter, Hühnerfarmen, Schulhöfe, Läden und Häuser überschwemmend – und die hohe Brandung wurde eins mit Ozean und Meeresbucht.

Watch Eyes und Billy Blaze kannten Hochwasser und sumpfige Marschwiesen, denn sie waren bei vielen Wildpferdetreiben dabei gewesen. Auf der Suche nach einem festen Halt schoben sie sich Schritt für Schritt vorwärts, und es schien ihnen nichts auszumachen, wenn ihnen das Wasser bis zum Bauch spritzte.

Großpapa auf Blaze hielt die Hand wie einen Trichter vor den Mund und rief, den Sturm übertönend: „Biege in Richtung Rattlesnake Ridge ab, Paul. Wir wollen zuerst vor Barretts Kolonialwarenladen halten und hören, was für Neuigkeiten es gibt."

Paul nickte zum Zeichen, dass er verstanden hatte. Entsetzt starrte er auf die Nachbarhäuser. Manche waren eingestürzt, und bei anderen war der Hauseingang eingedrückt, sodass sie aussahen wie ein aufgerissener Mund, in dem die Zähne fehlen. Und wieder andere lagen mit eingestürzten, windschiefen Mauern da. In Paul kochte der Zorn – Zorn über die sinnlose Grausamkeit des Sturmes. Er ritt weiter. Schauer überliefen ihn, und er sagte vor sich hin: „Dieser gemeine Tyrann! Kleine Holzhäuser zu zerstören, die sich nicht wehren können, sie schlagen, foppen, ihre Balken zertrümmern!"

Ein Wegweiser schwankte hin und her und schlug den Pferden fast vor die Beine. „Achtundneunzigste Straße" hieß es auf dem Schild. Großpapa machte kehrt, um sich zu vergewissern, ob er richtig gelesen hatte. „Meiner Seel!", brummte er. „Das Ding da ist doch wahrhaftig von Ocean City bis hierher geflogen, immerhin fünfundvierzig Kilometer weit."

Paul fühlte, wie Watch Eyes ausrutschte und dann anfing zu schwimmen. „Vorwärts, vorwärts!", schrie er in wilder Erregung und stellte sich in die Steigbügel. Dies war genau wie das Durchschwimmen des Kanals am Tage des Wildpferdefanges, nur mit dem Unterschied, dass das Wasser eisiger war und ihm in die Stiefel drang und seine blauen Leinenhosen und den Schlafanzug, den er noch immer trug, durchnässte. Aber trotzdem schwitzte er am ganzen Körper, als er außer Atem den Laden erreichte.

Vor Barretts Kolonialwarenladen hatte man zwei rote Gaspumpen aufgestellt als Ankerplatz für Kähne und Fischerboote. Ein Wasserfahrzeug der Küstenwache, „DUKW", „Ente" genannt, das wie ein Mittelding zwischen Jeep und Boot aussah, hielt schäumend längsseits neben Großpapa und Paul an. Der Führer rief: „Mr Beebe! Wir brauchen euch alle beide!" Seine Stimme klang wie ein Befehl: „Bin-

det eure Pferde in Barretts Scheune an und kommt an Bord."
Unter der Plane hervor rief eine aufgeregte Kinderstimme: „Paul, wie geht es Misty?"
Und eine andere fragte: „Hat sie schon ein Fohlen bekommen?"
Paul schüttelte den Kopf.

Vor Mr Barretts Scheune befand sich eine feste Rampe, und Watch Eyes und Billy Blaze kletterten hinauf und marschierten hinein wie heimkehrende Tauben, die in ihren Schlag zurückfinden.
Nachdem Paul und Großpapa die Ponys losgegürtet und das Zaumzeug gelockert hatten, gingen sie an Bord der DUKW. Die Passagiere rückten zusammen, um Platz zu machen. Das Motorboot wendete und tuckerte in Richtung des Dorfes.
„Sir", fragte Paul den Führer, „könnten Sie uns bis Deep Hole mitnehmen, damit wir uns nach Großpapas Ponys erkundigen?"
Der Mann antwortete mit finsterem Gesicht: „Zunächst müssen wir die Menschen in Sicherheit bringen."
Als sie in die Hauptstraße einbogen, die gleich am Strand der Meeresbucht entlangführt, war Paul entsetzt. Noch gestern war die breite Straße mit ihren weißen Häusern, Läden und Austernständen sauber und schmuck gewesen wie ein Gemälde der greisen Künstlerin Grandma Moses. Heute lagen die Boote losgerissen, in die Häuser hineinge-

schleudert. Ein zwölf Meter langes Boot hatte ein Haus derart gerammt, dass es mitten hindurchgestoßen war, der Bug in der Hintertür steckte, das Heck im Eingang!

Nichts gab es, was der See heilig gewesen wäre! Sie überflutete den Kirchhof, riss Särge hoch und schwemmte sie in die Vorgärten der Häuser.

Über ihren Köpfen ließ ein Hubschrauber einen Korb herab, für drei Menschen bestimmt, die auf einem Dach hockten. Großpapa beobachtete das ratternde Flugzeug voller Bewunderung. „Da oben mitfliegen“, rief er aus, „und die Alten und Kranken holen!“

In Barretts Laden vermischte sich der Duft von frisch gebranntem Kaffee, von Käse und Kautabak mit dem Geruch, den die nassen Stiefel und toten Fische verbreiteten. Paul trat ein und schloss die Tür hinter sich.

Männer standen, aufeinander einredend, in Gruppen knietief im Wasser wie stelzbeinige Strandvögel. Paul wartete an der Tür, bis Tom Reed ihn zu sich heranwinkte.

Paul zupfte Tom am Ärmel. „Mr Reed“, flüsterte er, „wie geht es Großpapas Ponys drüben auf Ihrer Weide?“

„Weiß ich nicht, Paul! Und wir werden es auch nicht erfahren, bevor wir nicht in die Wälder zurückgehen können. Noch ist das Wasser zu tief, um hineinzugehen, und die Motorboote haben zu viel zu tun mit der Rettung der Menschen.“

Der Ladenbesitzer lehnte über dem Ladentisch und steckte seine Nase zwischen Paul und Tom Reed. „Wer ist jetzt an der Reihe, Gentlemen?“ Paul griff in seine Tasche und zählte sein Geld. „Ich habe neununddreißig Cents und möchte zwei Dosen Bohnen kaufen.“

„Wenn wir doch wenigstens eine Warnung vor dem Sturm bekommen hätten!“, sagte Mr Barrett, während er die Geldstücke in die Schublade warf. „Von einem Hurrikan erfährt man schon vorher, und ist er vorbei, dann ist er auch vorbei!“

„Jaja!“, stimmten die Männer zu. „Der Hurrikan braust wie verrückt daher, und dann ist es vorüber, aber eine Sturmflut kommt angeschlichen und bleibt!“

Wyle Maddox, der Führer der Wildpferdetreiber, hatte, an einem Apfel kauend, zugehört. Er ging jetzt auf Tom Reed zu. „Tom“, sagte er, „du weißt am besten Bescheid über das Meer und den Himmel. Wie reimst du dir das zusammen?“

Der schlanke junge Mann wurde rot. „Ach, Wyle, ich bin kein Fachmann, aber ich sehe es so: Der Sturm machte eine Schleife und kam zurück, dabei presste er die Flut tiefer und tiefer in die Bucht hinein, anstatt sie während der Ebbe wieder ablaufen zu lassen.“

„Aber weshalb ist das Wasser in der Bucht so viel höher als auf der Festlandseite?“

„Weil wir für gewöhnlich Nordwestwind haben, der die Flut aus der Bucht zurückfluten lässt. Dieses Mal aber kam der Wind vom Nordosten, und das Wasser schwoll in der Meerenge so gewaltig an, dass es irgendwohin ausweichen musste.“

Plötzlich ging die Tür auf und ließ Sturm und Kälte herein, zugleich erschien Großpapa Beebe; gesund und kräftig sah er aus neben dem mageren Fischervolk.
„Was gibt es für Neuigkeiten?“, fragte Mr Barrett.
Großpapa schaute von einem zum anderen. „Schlechte“, sagte er. „Die Regierung hat Chincoteague zum Katastrophengebiet erklärt.“
Zornesausbrüche waren zu hören! „Katastrophengebiet? Das sind keine Neuigkeiten.“
„Aber es ist so. Eine ganze Flotte von Hubschraubern ist heute Nachmittag vom Militärstützpunkt abgeflogen, und wir sollen alle auf das Festland evakuiert werden!“
„Evakuiert?“ Das Wort schlug ein wie eine Bombe.
„Weshalb?“
„Warum?“
Alle redeten zur gleichen Zeit. Alle, außer Paul, der einen dicken Kloß im Hals fühlte. Er würde sich weigern zu gehen, oder sie mussten auch Misty mitnehmen!
Der Ladenbesitzer schlug auf die Theke. „Ihr Kerle! Nun lasst doch Mr Beebe zu Ende erzählen!“
Großpapa wartete einen Augenblick, bevor er weitersprach. „Die Flut wird noch höher steigen“, knurrte er, „noch anderthalb Meter.“
„Anderthalb Meter! Nun, dann wird die ganze Insel überflutet, jedes Haus, jeder Laden, sogar das Feuerwehrhaus und die Kirche.“

„Das ist nicht einmal der Hauptgrund. Die Regierung befürchtet, dass eine Typhusepidemie ausbrechen könnte infolge des toten Geflügels und der verwesten Fische und –“

Großpapa vermied es, Paul anzusehen – „vielleicht auch wegen der toten Ponys!“

Das Gespräch stockte. Totenstille trat ein. Die Männer schlurften mit ihren schweren Stiefeln aus dem Laden heraus, kletterten in ihre Boote, um zu ihren Familien heimzukehren und zu überlegen, wie sie ihnen die Nachricht beibringen sollten.

„Komm, Paul“, winkte ihm Großpapa zu.

Paul ging hinter ihm her. „Ich habe eben zwei Dosen Bohnen gekauft.“ Er zeigte sie ihm, da er sonst nichts zu sagen wusste.

„Brauche ich nicht!“, brummte Großpapa. Dann sah er Paul von der Seite an. „Vielleicht schmecken sie doch ganz gut. Komm, lass uns probieren.“

9 In Erwartung des Hubschraubers

Der Heimritt war äußerst beschwerlich, und sie kamen unendlich langsam vorwärts. Die Pferde platschten, wenn eben möglich, durch das Wasser und fingen an zu schwimmen, wenn ihnen nichts anderes übrig blieb. Paul und Großpapa machten einmal eine Ruhepause, damit die Tiere verschnaufen konnten. Dann trieben sie sie von neuem an. Schließlich waren sie zu Hause angelangt, und Paul sah das höher gelegene Gebiet der Pony-Farm mit ihren Gebäuden, die unversehrt dastanden, das Wohnhaus mit seinem grünen, durch den Regen dunkler gefärbten Dach, das Kükenhaus, den Heuschober und das Räucherhaus, aber alles schien ihm viel kleiner als vorher und wie verängstigt, da die Flut alles umspülte.
Vor dem Tor fasste Großpapa einen Entschluss und sagte : „Reite hinunter zum Räucherhaus, Paul, und hole einen dicken Schinken; wenn wir fortgehen müssen, wollen wir nicht mit leeren Händen auf dem Festland ankommen. Inzwischen werde ich Billy Blaze trockenreiben und nach Misty sehen."
Skipper schwamm durch die Flut Paul entgegen und paddelte den ganzen Weg neben ihm her bis zum Räucherhaus. Rund gebaut wie ein Silo, war das Räucherhaus für die Schiffe in der Meerenge ein Seezeichen. Das Innere des Raumes wirkte friedlich mit seinem leckeren Duft süßlichen Rauches.

Während der kurzen Zeit, in der Paul den schwersten Räucherschinken aussuchte und ein Stückchen Schwarte für Skipper abschnitt, ging der Regen in eisige Graupelschauer über.

Großpapa legte Misty gerade eine alte rote Wolldecke auf den Rücken, als Paul hereinschaute und rief: „Großpapa, Misty steht ja im Wasser! Aber Großpapa, was sollen wir denn nur mit ihr tun?"
„Es gibt nur eine Möglichkeit!"
„Und die wäre?"
„Dass wir sie schnurstracks in Großmamas Küche bringen!"
„Huuu! Wie willst du ihr das beibringen?"
„Ich frage sie überhaupt nicht, lege Misty den Halfter an und führe sie die Treppe hinauf zur Veranda und dann durch die Tür hinein."
„Das meinte ich doch nicht! Ich meinte, wie du es Großmama sagen willst."
„Oh, die frage ich gar nicht erst, sondern werde es ihr in aller Ruhe klarmachen."

Als Großpapa mit Paul hereinstampfte, wandte er sich an Großmama. „Idy, Liebste, du brauchst den Tisch nicht zu decken. Wir können die Bohnen im Stehen essen und auch den Sirup mit deinem guten Brot. Danach müssen wir ein paar Sachen packen, Idy."

„Sage nicht immer ‚Idy, Liebste' zu mir! Clarence Beebe!“, ahmte sie ihn nach. „Was führst du im Schilde? Dein Gesicht ist so rot wie die Kehllappen unseres Truthahnes.“

Paul kicherte nervös, denn schon oft war ihm der Gedanke gekommen, dass Großpapa den Truthähnen ähnlich sähe, aber er hatte nie gewagt, es auszusprechen. Er konnte sich vor Lachen nicht halten, und nun brach auch Maureen in Gelächter aus.

Schließlich fing auch Großmama an und wusste selber nicht, warum. „Ich kann nur sagen, wenn im Hause gelacht wird, dann ist es, als ob die Sonne hineinflutet.“

„Über Fluten wollte ich gerade mit dir sprechen, Idy.“

Das Lachen verstummte. Großpapas Stimme klang ernst. „Den ganzen Vormittag sind Hubschrauber geflogen und haben die Kranken fortgebracht. Nun holen sie auch die übrigen Inselbewohner.“

„Nicht mich! Das werden sie nicht tun!“, brauste Großmama auf. „Mit mir brauchen sie nicht zu rechnen! Ich bin zu alt, um in einem wirbelnden Schaumschläger durch die Lüfte zu fliegen!“

„Nun gut! Kann sein, dass du es vorziehst, hier zu bleiben, während sich Haie und Krebse in dein Haus schleichen und dich angreifen.“ Er zwinkerte den Kindern zu. „Erinnert ihr euch an den Tag, als Großmama von einem Krebs gezwickt wurde, während sie sich beim Austernfang nach unten beugte? Da ging sie hoch wie eine der großen Raketen am Wallops Strand!“

Großmama drehte ihm den Rücken zu und schnitt emsig Brot.

„Aber was wird mit Misty geschehen?“, fragte Maureen besorgt.
„Ich bleibe bei Misty“, verkündete Großmama, ohne sich umzudrehen. „Wenn ich auch nicht damit einverstanden bin, dass man Ponys wie Menschen behandelt, so rechne ich sie jetzt zur Familie, da sie ein Fohlen erwartet.“
Großpapa öffnete die Bohnendose mit seinem Messer. „Paul“, knurrte er, „ich glaube, du kannst Großmama einiges erklären.“
„Es ist tatsächlich wahr, Großmama“, sagte Paul und nahm sich den Knust des Brotes. „Die Flut wird noch anderthalb Meter höher steigen, und auf der Insel besteht Seuchengefahr, da Haufen toten Geflügels, stinkender Fische und verendeter Schlangen und Ratten umherliegen, vielleicht auch tote Pferde!“
Er sah Großpapa an und hätte es lieber gesehen, wenn dieser weitergesprochen hätte. Dann fuhr er schnell fort: „Das Gesundheitsamt hat angeordnet, dass alle Bewohner evakuiert werden sollen, da man sonst eine große Epidemie befürchtet.“
Keiner sagte etwas. Großmama saß am Tisch und starrte geistesabwesend geradeaus. Sie zerdrückte gedankenlos ein paar Brotkrümel in der Hand.
„Nun, Idy, du kannst wählen. Möchtest du hier bleiben und Gefahr laufen, Paul und Maureen durch Typhus zu verlieren, oder möchtest du jetzt fortgehen, bevor die Flut uns hinaustreibt?“
Zum ersten Mal fing Großmama an zu schwanken. „Ach, ich wusste ja nicht, dass es so schlimm ist, Clarence.“

„Es ist aber so, und man muss die Sache so betrachten: Die Leute müssen fort! Sieh mal, am Nordende der Insel wohnte eine große, starke Dame, fast zwei Zentner schwer. Und diese Dame saß mit ihrer jungen Tochter und deren Freund plaudernd in ihrem Haus, als plötzlich eine gewaltige Flutwelle mitten ins Wohnzimmer drang! Sie kletterten auf Stühle und Tische und wären auf den Hausboden gestiegen, wenn es einen gegeben hätte! Aber so konnten sie es nicht; der junge Mann war gezwungen, ein Loch in die Zimmerdecke zu sägen, und dann kroch er durch den engen Spalt unter das Dach. Er fing an zu ziehen, das Mädchen schob von hinten nach, und so zwängten sie die Mutter durch das Loch." Großpapa holte Atem.

„Und was geschah dann?", fragte Maureen. „Mussten sie die ganze Nacht da oben zubringen?"

„Natürlich, und lange bevor es Tag wurde, sägte der Junge ein Loch durch das Dach, und alle drei kletterten sie hinauf. Schließlich sind dann die Hubschrauber gekommen und haben sie vom Dach gerettet, alle durchfroren, nass und hungrig. Idy, was würdest du sagen, wenn wir in unser schönes Dach ein Loch sägen müssten und ich dich wie einen Kartoffelsack hinaufzöge?"

Paul stieß Großpapa an. „Nun sag es ihr doch endlich!"

„Du siehst also, Idy, dass wir vielleicht das nächste Mal an der Reihe sind. Schon flutet das Wasser in Mistys Stall. Wir wollen sie in deine Küche holen", kündigte er an, „und da wird sie so lange bleiben, bis die Flut sich verlaufen hat."

„Ach, du meine Güte!", Großmama fühlte sich geschlagen.

„Also los!", sagte Großpapa ermutigend. „Nun fang schon

an zu packen. Jeder von uns braucht eine Wolldecke, und zur Überraschung für die Leute auf dem Festland nehmen wir den großen Schinken mit! Und da wir gerade vom Essen sprechen: Paul hat diese Bohnen gestiftet."

So fand sich Großmama schließlich mit den Tatsachen ab. Sie fing an umherzujagen und sprach dabei vor sich hin: „Auf alle Fälle müssen wir etwas Seife mitnehmen und einen Kamm und –"

Großpapa und die Kinder ließen sie rumoren. Es gab noch eine Menge zu tun, bevor der Hubschrauber kam. Misty musste in die Küche gebracht werden, und vorher hatten sie die Marschponys im Heuschober zu versorgen.

„Lasst uns die oberen Ballen Heu herunterholen", ordnete Großpapa an, als sie den lang gestreckten Schuppen erreichten. „Wir wollen sie auf dem Fußboden hoch aufschichten, damit die Tiere trockene Füße behalten."

„Und wenn wir die Heubündel nicht losbinden", fuhr Paul fort, „dann können sie umso länger daran fressen."

„Sie können gut eine Woche davon leben", meinte Maureen.

„Bestimmt", nickte Großpapa. „Um sie brauchen wir uns nicht zu sorgen."

Jetzt kam Misty an die Reihe. Paul hatte vorgehabt, sie in aller Ruhe aus dem Stall zu führen, und dann sollte sie vorsichtig den Weg zum Haus zurücklegen. Im Augenblick jedoch, als er ihr den Halfter auflegen wollte, zitterte sie, als ob Wind und Wellen die Wildheit in ihr wieder erweckt hätten. Sie warf den Kopf hoch, steil richtete sich der Schweif nach oben, die Ohren hatte sie angelegt, und trotz der bitteren Kälte war sie in Schweiß gebadet.

„Ruhig, Mädchen, ruhig!“, sagte Paul besänftigend. Er zog die Hand durch den Halfter und öffnete das Tor. Aber mit einem Satz sprang Misty ins Wasser, sodass er mitgerissen wurde. Sie wollte nicht am Zügel geführt werden! Sie wollte planschen und umhertoben wie jedes andere Chincoteague-Pony!

Großpapa griff von der anderen Seite nach ihr. „Maureen!“, rief er, „schwing dich hinauf, ich treibe mit Paul von hinten an.“

Maureen stieg auf. An ihren Beinen fühlte sie Mistys Herzschläge. Das Wasser ging Misty bis zum Knie, dann traf eine Welle ihren Bauch. Sie versuchte hinüberzuspringen. Maureen griff in ihre Mähne. „Juhuuu!“, schrie sie überrascht. Misty setzte zu einem zweiten Sprung an, aber dann ging sie nieder und bewegte sich ruhig weiter voran. Sie erreichte die Treppe lange vor Paul und Großpapa, die außer Atem durch das Wasser gewatet kamen.

„Jetzt beginnt der kritische Teil“, keuchte Großpapa. „Die Stufen sind sehr schlüpfrig, und sie darf auf keinen Fall ausrutschen und sich verletzen.“

Aber Misty war schon früher einmal die Treppe hinaufgeklettert. Sie stieg geschickt hinauf, hob einen Fuß nach dem anderen hoch, und auf der obersten Stufe blieb sie wie angewurzelt stehen. Ein kleines, braunes Kaninchen saß mucksmäuschenstill auf dem Geländer der Veranda und zuckte nicht mit der Wimper. Die beiden Geschöpfe starrten sich an, die großen, weichen, braunen Augen und die kleinen, kugelrunden. Misty wieherte, als ob sie sagen wollte: „Was tust du denn hier? Geh heim in deinen Bau unter dem Buschrosenstrauch.“ Aber das Kaninchen rührte sich nicht, auch dann nicht, als Misty sich vorstreckte und ihm mitten ins Gesicht schnaubte.

Großpapa lachte laut. Sogar dieses kecke, kleine Wesen verharrte auf seinem Fleck und hatte größere Angst vor der steigenden Flut als vor den Menschen oder Ponys.

„Es scheint zu sagen“, meinte Paul lachend, „starren Sie mich nicht so an; die Flut ist genauso hinter mir her!“

Schließlich wurde es Misty langweilig, und sie stolzierte über die Veranda durch den hinteren Flur gleich in die Küche hinein. Als sie alle versammelt waren, nahm Großpapa mit einem Schwung seinen Hut ab. „Ich stelle vor: Idy, meine Frau“, sagte er. Großmama fuhr zurück.

„Wir sind uns schon früher begegnet“, sagte sie trocken. Aber dann wurde ihr Herz weich. „Leg den alten, roten Schal ab, Misty“, sagte sie und fügte sich in das Spiel ein. „Tu, als wenn du zu Hause wärst!“ Sie ging zum Eisschrank, da schnappte Misty nach ihrem Schürzenband.

Großmama machte vor Schreck einen Satz und wäre beinahe über ihre am Boden liegende Schürze gestolpert. „Was, du undankbarer Schlingel! Gleich lege ich diese Mohrrüben wieder in den Kasten!“ Aber sie tat es doch nicht, sondern hielt sie Misty zum Knabbern hin. „Sie ist kitzlig an den Nüstern, nicht wahr?“

Paul und Maureen tauschten heimliche Blicke aus.

Aber dann sah Großmama wie erstarrt um sich. „Ganze

Bäche von Wasser tropfen aus euren Kleidern auf meinen schönen, sauberen Fußboden!" Sie seufzte. „Aber ich finde, das macht nichts. Kommt denn nun endlich der Hubschrauber?"

„Sicher bald!", antwortete Großpapa. „Komm, mein Junge, beeilen wir uns und schleppen wir möglichst viel Stroh für Misty herbei."

Nachdem sie ihr ein weiches, raschelndes Lager in der Küche bereitet hatten, blieb nichts mehr zu tun übrig. Vier Wolldecken und der Schinken lagen bereit, und Misty fühlte sich schon heimisch. Sie kaute zufrieden Heu, während Maureen ihr die Mähne kämmte.

Während die Minuten verstrichen, fing Großmama an, blass und unruhig zu werden. Sie goss geschäftig eine Extraschale Milch für Wait-a-Minute ein. Dann goss sie ihre Süßkartoffelpflanze und ihr Farnkraut.

„Sie ist doch mein gutes Mädchen!" Großpapa kam herüber und klopfte ihr die Schulter. „Mein gutes Mädchen!" Dann lachte er plötzlich laut los, denn er ertappte sie dabei, dass sie wahrhaftig einen Blumentopf mit künstlichen Veilchen goss!

Großmama musste nun auch über sich selber lachen, und ihr Gesicht hellte sich auf.

Dann entdeckte Großpapa den Hubschrauber, der durch den düsteren Himmel stieß.

10 Landung im Blumenbeet

Der Hubschrauber wurde vom Sturm hin und her geworfen und kam immer näher an die Pony-Farm heran. Genau über dem Haus stoppte er mitten in der Luft mit heulenden Motoren.

Alle rannten ans Fenster, Misty mit ihnen. Sie beobachteten, wie die laute Maschine über ihren Köpfen anhielt.

„Er überlegt, was er tun soll!“, rief Paul.

„Er sucht einen Landeplatz.“

„Ach, du Schreck!“, schrie Großmama auf, als der Hubschrauber wie betrunken schwankte, um dann senkrecht nach unten zu gehen. „Oh! Oh! Mitten auf meinem Narzissenbeet wird er landen!“

Wie ein Vogel, der sein Nest sucht, kreiste der Hubschrauber über das unebene Blumenbeet, um dann auf einer kleinen Fläche aufzusetzen.

Großmama beobachtete mit Bestürzung, wie die Rotorblätter nach allen Richtungen Sand und Wasser aufspritzen ließen. Sie verbarg ihr Gesicht in den Händen. „Clarence, oh, Clarence!“, schluchzte sie. „Ich kann nicht fortgehen! Ich kann es nicht!“

„Und warum kannst du es nicht?“, fragte Großpapa.

„Weil, weil –“ Sie suchte nach einem Grund. „Misty wird mein Linoleum verderben, und –“ Jetzt wurde ihr Schluchzen zum Wehklagen – „sie wird an meinem schönen, neuen Tisch herumknabbern!“

„Nein, das wird sie nicht!“, verteidigte Paul sie. „Ich bleibe hier und passe auf.“

„Jetzt hör mich aber mal an, Paul Beebe!“, brach es aus Großpapa heraus. „Wenn überhaupt jemand hier bleibt, dann bin ich es, das Oberhaupt der Familie. Los jetzt! Jeder von euch nimmt seine Wolldecke. Ich werde hinausgehen und mit dem Piloten reden.“

Er wollte auf die Tür zugehen, aber Großmama war schneller und stellte sich ihm in den Weg. Sie hatte aufgehört zu jammern. „Solltest du die Absicht haben, hier zu bleiben, Clarence, dann bleiben wir alle hier! Entweder geht die ganze Familie, oder wir bleiben alle zusammen hier.“

Großpapa, halb belustigt, halb verärgert, meinte seufzend: „Dann ist ja alles in Ordnung. Nun entschließe dich, Idy, und mach dich fertig.“

Während Großmama sich abmühte, ihre Überschuhe anzuziehen, verrichteten Großpapa und die Kinder die letzten notwendigen Arbeiten. Das Oberlicht eines der Fenster wurde einen Spaltbreit geöffnet, das Gemüse aus dem Kühlschrank genommen und auf Mistys Lager verteilt. Zuallerletzt drückte Großpapa den Pfropfen in das Spülbecken und ließ kaltes Wasser einlaufen. „Ist das nicht ein feiner Wassertrog?“, kicherte er, vermied es aber, Großmama dabei ins Gesicht zu schauen.

„Glaubst du, dass sie sich ohne uns helfen kann?“, fragte Maureen.

„Ganz bestimmt, Liebling. Und selbst wenn die Flut hereinströmen sollte, ist das Strohlager so dick, dass das kleine Fohlen nicht ein bisschen nass wird.“

„Das glaube ich auch“, fügte Paul hinzu. „Und sieh nur, wie Wait-a-Minute anfängt, mit Misty zu schmusen! Die beiden werden gut Freund miteinander sein, und sieh, wie ruhig Misty den Hubschrauber beobachtet, als ob sie sagen wollte: ‚Ich hab schon viele große Vögel gesehen, die mit den Flügeln schlagen!‘“

Mr Birch, der Mann von der Küstenwache, begrüßte die Beebe-Familie unten an der Treppe. Er stand im Wasser und glich einem Prediger, der seine Gemeinde taufen will. „Ich wollte, alle wären so pünktlich wie ihr“, meinte er, als er sie zum Hubschrauber brachte, „und ebenso bereit, uns ohne große Bedenken zu folgen.“

„Die haben wir vorher gehabt!“, sagte Maureen.

Mr Birch lachte. „Es ist der Jugend vorbehalten, mit der Wahrheit herauszukommen.“ Er half Großmama die Stufen hinauf in den vibrierenden Hubschrauber. „Sehen Sie, Mrs Beebe, es ist leichter, als in einen Zug zu steigen!“

Maureen wollte ihnen folgen, da drehte sie sich plötzlich nach Paul um, und dann schrien sie wie aus einem Munde: „Skipper! Skipper!“ Sie riefen wie wahnsinnig: „Skipper!“

Mr Birch schüttelte den Kopf. „Tut mir Leid, Kinder. Wir haben auf diesem Flug nur gerade Platz genug für die Menschen! Alle Hunde müssen zurückbleiben!“

„Lass ihn auch in die Küche!“, rief Großmama.

„Skipper! Skipper! Skipper!“ Die Kinder riefen und pfiffen, aber es war nichts von ihm zu sehen, nur das Strudeln des Flutwassers und die sturmgepeitschten Bäume.

„Alle Mann an Bord! Wir müssen noch weitere Leute abholen, bevor es dunkel wird. Alle an Bord!“

Vielleicht war Skipper ertrunken, befürchtete Paul, ließ aber seine Sorge nicht laut werden. Er stieg in den Hubschrauber und setzte sich auf einen Platz, von dem aus er das Haus hätte sehen können. Aber er vermied es, hinzuschauen.

„Schnallen Sie sich an“, befahl der Pilot.

„Nun, ist das nicht spannend?“, rief Großpapa aus, während die Rotorblätter über ihren Köpfen wie irrsinnig anfingen zu surren, der Hubschrauber sich langsam vom Boden löste und schnurgerade höher und höher stieg. „Genau wie in einem Aufzug!“

Großmama schüttelte den Kopf. Sie beugte sich vor und warf zum Abschied einen letzten, langen Blick auf die Pony-Farm.

Großpapa drückte tröstend ihre Hand, und auch er blickte hinunter auf ihr Häuschen, das klein und kleiner wurde.

Beim nächsten Halt nahmen sie die Hoopers und die Twilleys auf und Mrs Whealton mit ihrem weinenden Kleinkind.

Der Nordoststurm schaukelte den Hubschrauber hin und her, aber der Pilot hatte das Steuer fest in der Hand. „Wir lassen uns von dem Unwetter nicht kleinkriegen“, sagte Mr Birch, um die Passagiere zu beruhigen.

Sie flogen gegen den Wind und tief über die Meerenge und den schmalen Landstreifen von Assateague. Alle

hielten sie Ausschau über Hügel und Wälder hinweg nach den wilden Ponys.
„Ich sehe eine ganze Herde", schrie Paul.
„Wusste ich es doch! Wusste ich es doch!", frohlockte Großpapa. „Sie sind oben auf den Weißen Hügeln!"
Der Pilot versuchte den Hubschrauber ruhig zu halten, aber der Sturm zerrte erbarmungslos daran. Zweimal war er über der Herde gekreuzt, dann stieg er wieder in Richtung Westen. Es schien, als ob die Insel Assateague zurücksegelte, und nun waren sie wieder über Chincoteague.
„Mr Birch", rief Maureen, „sehen Sie die Leute dort auf dem Floß? Sie haben eine weiße Flagge gehisst!"
„Das sehe ich", antwortete Mr Birch, „aber das ist ein Hausdach, kein Floß, und sie winken mit einem Betttuch. Sie können nicht wissen, dass wir vollbesetzt sind!"
Der Pilot rief vom Führersitz nach hinten: „Wir werden sie auf der nächsten Tour holen. Ach nein! Nicht nötig!", verbesserte er sich. „Ich sehe, dass schon ein zweiter Hubschrauber unterwegs ist."
Mr Hoopers, ein kleiner, ruhiger Mann, fing zum ersten Mal auf diesem Flug an zu sprechen. „Es wimmelt ja derartig von euren Riesenvögeln in der Luft, dass eigentlich ein Schutzmann den Verkehr regeln müsste." Trotz allen Elends konnten die Passagiere nicht umhin, über Mr Hoopers Witz zu lachen.
„Hui!", sagte Großpapa zustimmend. „Ich sehe den Polizisten so richtig vor mir, auf einer Wolke thronend wie ein Pastor auf der Kanzel."
Aber die gezwungene Fröhlichkeit hielt nicht an. Jetzt hat-

ten sie die breite Meerenge überflogen, und schon sahen sie die Brandung, die gegen den Festlandrand schlug. Langsam ließ sich der Hubschrauber aus den Wolken hinab bis auf den Landeplatz von Wallops. Ein schwacher Nebel lag über dem Flugfeld, und die Nachtlichter brannten schon, als die Beebes, Hoopers, Twilleys und Mrs Whealton aus dem Hubschrauber taumelten wie die Erbsen aus der Schote. Ein Windstoß trieb sie eng aneinander.
Plötzlich lagen Abenteuer und Aufregung hinter ihnen. Hier draußen im Regen stehend, wurde sich Paul erst dessen bewusst, was er war: ein Flüchtling, heimatlos, frierend und hungrig! Und seine Gedanken eilten zurück in eine Küche, deren Fußboden mit Heu bedeckt war.

11 Flüchtlinge

Wallops Flugplatz liegt in Virginia auf dem Festland, jenseits der Bucht der Insel Chincoteague. Früher war es ein Marine-Flugplatz, erfüllt von einer lauten Geschäftigkeit – von ein- und ausfliegenden Maschinen, Bodenpersonal, das Anweisungen signalisierte, Offizieren und Mannschaften, Piloten und Ingenieuren, Radiotechnikern und Büroangestellten, die zwischen den Gebäuden hin und her liefen. Dann schloss die Regierung den Flugplatz, und drei Jahre lang standen die Bauten leer wie ein Wald mit abgestorbenen Bäumen.

Als aber an jenem stürmischen Märzabend der Hubschrauber landete, brannte in allen Räumen Licht. Der ganze Platz war wieder zum Leben erwacht. Feuerwehrleute eilten herbei, um kranke Flüchtlinge in das Unfallkrankenhaus zu bringen, andere zu den Baracken und sogar in das Amtsgebäude.

Der Sturm raste jetzt seit vierundzwanzig Stunden. Heftig wehte der Wind, Regen strömte hernieder, die Wolken hingen tief, weder Mond noch Sterne waren zu sehen. Am Ende der Landepiste stand der kleine, zusammengedrängte Haufen der Flüchtlinge. Ihre Wolldecken umklammernd, starrten sie auf die gelben Scheinwerfer, die auf sie zukamen.

Der Fahrer setzte Mrs Whealton und das Baby am Krankenhaus ab, die Hoopers und Twilleys vor einer der Baracken und brachte die Familie Beebe zur Messehalle. „Da sind mehr Kinder“, erklärte er.

Durchnässt und müde stiegen Großpapa und Großmama, Paul und Maureen die Treppen bis zum zweiten Stock empor, die Wolldecken unterm Arm. Paul trug noch immer den Schinken, den er jetzt über seine Schulter schwang. Ein Pfeil an der Wand zeigte auf eine offene Tür am Ende des Flurs. Licht strömte heraus, und man hörte das Summen vieler Stimmen.

Der Raum, zur Hälfte von Flüchtlingen besetzt, war groß und hell; es roch nach nasser Wolle und Gummistiefeln und nach Angst und Verzweiflung.

„Macht es euch bequem“, begrüßte sie ein schon früher angekommener Flüchtling. „Sucht euch eine kleine Ecke für euch allein. Seid froh, dass ihr Wolldecken habt, denn dieser Fußboden ist zum Schlafen mächtig hart.“

Einen Augenblick standen die Beebes da, blickten umher und versuchten ihre Augen an das Licht zu gewöhnen. An den Wänden entlang und kreuz und quer im Raum standen Bänke.

Die meisten Leute waren ihnen fremd, wahrscheinlich Flüchtlinge von Nag’s Head oder anderen nahe gelegenen Inseln. Sie saßen da wie gelähmt, wie Tiere in der Falle, die sich nicht mehr wehren – einfach wie benommen.

„Sie sehen alle so traurig und bekümmert aus“, meinte Großmama und suchte einen Platz, wo sie sich setzen konnten.

„Dahinten ist eine leere Bank“, rief Maureen und führte sie zwischen Koffern, Klappstühlen und Kindern hindurch.

Am anderen Ende des Raumes brachten Frauen vom Roten Kreuz Schüsseln mit belegten Broten und einen großen Kaffeetopf herein. „Bring ihnen den Schinken, Paul“, sagte Großmama. „Es ist möglich, dass sie ihn aufschneiden und für morgen mit Kartoffeln braten möchten. Ich wäre glücklicher, wenn ich helfen könnte“, vertraute sie Maureen an. Als alles auf dem Tisch stand, stellten sich die Leute in Reihen auf, und plötzlich kamen sie sich nicht mehr wie gefangene Tiere vor. Sie fühlten sich als Menschen, die sich zulächelten und ruhig von ihrer Rettung berichteten. Durch den Geruch der Speisen angezogen, kroch ein Hündchen mit langhaarigen Ohren aus einem Tuch hervor und rannte auf die Tische zu, seine Herrin hinter ihm her.
Paul und Maureen schalteten sich in die Jagd ein. „Wie haben Sie das fertig gebracht, dass Sie den Hund mitbringen durften?“, fragte Paul.
„Ach, er ist das einzige Wesen, das ich auf der Welt besitze, und da habe ich ihn in seine Decke gewickelt. Sie gehört wirklich ihm“, erklärte die Frau, „und er saß darin so geborgen wie eine Schildkröte in ihrem Haus. Der Pilot hat ihn gar nicht entdeckt, und heute Abend“, fuhr sie lächelnd fort, „darf er zur Abwechslung mit unter meine Decke kriechen.“
Maureen betrachtete den Hund bewundernd und dachte dabei an Skipper. „Wir konnten unsern Skipper nicht fin-

den“, sagte sie, während sie das Tierchen streichelte und liebkoste.
Die Dame war voller Mitleid. „Erzählt mir von eurem Hund.“
„Unser großer Collie war mit uns zusammen, bis wir fortgingen“, antwortete Paul.
„Und unser Pony mussten wir in der Küche in Chincoteague zurücklassen“, fuhr Maureen fort.
Die Frau schien Paul plötzlich wieder zu erkennen. „Sag mal, bist du nicht der Junge, der einmal drüben auf Assateague eine wilde Stute gefangen und sie dann wieder freigelassen hat?“
Die Kinder nickten.
„Und das Pony in eurer Küche – ist es etwa Misty?“
„Ja, Madam, Sie haben Recht, es ist Misty.“
Die Frau wurde ganz aufgeregt. „Wisst ihr denn eigentlich, dass sie im Radio von ihr gesprochen haben? Kinder, die ihren Film gesehen haben, bestürmen die Rundfunkstation mit Anrufen und möchten wissen, ob Misty ertrunken ist.“
„Sie befindet sich in Sicherheit“, sagte Paul, „das heißt, sie –,“ Er verstummte. Es sauste ihm in den Ohren, und in Sekundenschnelle war er wieder in Chincoteague, wo die Fluten des Ozeans heranrollten, das Haus unterspülten, sodass es mit furchtbarem Krachen auseinander barst! Und im selben Augenblick wurde Misty ins Meer hinausgeschwemmt – bis ihre Mähne im Gischt verschwand.
 Paul schüttelte den Traum ab, als die Frau drei Kinder zu sich rief. „Kinder“, sagte sie, „ihr werdet euch freuen,

wenn ihr hört, dass es Misty in der Küche von Beebes Haus gut geht. Und das hier sind Paul und Maureen Beebe."

Mit weit aufgerissenen Augen überhäuften die Kinder sie mit Fragen. Paul antwortete, so gut er konnte. Dann wandte er sich ab und zog Maureen fort, zurück zu ihrer Bank.

Großmama legte den beiden den Arm um die Schulter. „Es kommen immer mehr Leute herein", sagte sie und versuchte, sie so dicht wie möglich an sich zu drücken. „Vielleicht erfahren wir etwas Neues."

Betäubt lauschten Paul und Maureen den Gesprächsfetzen um sie her.

„Der alte Dick Evans ist gestorben, als er versuchte, seine Fischnetze zu bergen. Er hat sich überanstrengt und einen Herzschlag erlitten."

„Während unseres Fluges sah ich, dass die Wogen dicke Holzpfähle aus dem Deich losgerissen hatten, und sechs verlassene Autos waren zur Hälfte im Sand begraben. Sogar eins der Feuerwehrautos saß fest."

„Als wir hinüberflogen, hatte das Meer den Damm überspült. Ach, nun ist Chincoteague vom Festland abgeschnitten – wie ein Schiff ohne Anker."

„Ich hörte, dass eine Frau drüben auf Chincoteague einen Mann und zwei Kinder hatte, die nicht schwimmen konnten. Sie ist dann ein weites Stück durch das eiskalte Wasser geschwommen, um Hilfe zu holen. Fast wäre sie ertrunken, wenn nicht ein Mann der Küstenwache sie aufgefischt und die Frau, schluchzend und triefend, zum Spritzenhaus geschleppt hätte! Danach kehrten sie zurück, um den Mann und die Kinder zu holen." Der Erzähler machte eine Pause. „Und nun ratet, wie es weiterging."

„Was ist denn nun geschehen?", fragte jemand.

„In der Zwischenzeit hatte ein Hubschrauber die drei vom Hausdach heruntergeholt, die nun annehmen mussten, die Mutter sei ertrunken! Und diese wiederum glaubte, Mann und Kinder seien ins Meer geschwemmt worden! Später fanden sich alle wieder im Spritzenhaus der Feuerwehr!"

„Seht ihr, Kinder", flüsterte Großmama, „es gibt auch noch gute Nachrichten!"

Jetzt gesellte sich ein junger Reporter mit einer Schreibmaschine zu ihnen. „Ich habe gehört", sagte er, „dass einhundertfünfzig wilde Ponys von Assateague direkt ins Meer gespült worden seien."

„Oh!", riefen die Leute entsetzt.

„Bevor ich meiner Zeitung diese Nachricht schicke, möchte ich vorher gern Ihre Meinung hören." Er nahm Notizblock und Bleistift zur Hand.

Eisernes Schweigen!

Der Reporter blickte überrascht in die verschlossenen Gesichter um sich her und steckte sein Notizbuch wieder in die Tasche.

Dann begann das Gespräch von neuem.

„Ich meine, man sollte jetzt nicht an die wilden Ponys denken, wenn Menschen in Gefahr sind", sagte eine weißhaarige Frau.

„Aber was würde es für Chincoteague bedeuten", fragte der Zeitungsmann, „wenn aus Mangel an Ponys der Tag des Wildpferdefanges ausfallen müsste?"

Großpapa Beebe sprang auf. „Nun, Chincoteague hat seinen Platz unter den führenden Städten der Ostküste. Und das hat es ganz allein dem Wildpferdefang zu verdanken."
„So ist es!", riefen die Stimmen im Chor.
„Und wenn das vorbei wäre", fuhr Großpapa fort, „dann würden Chincoteague und Assateague von nun an nichts weiter bedeuten als kleine Punkte auf der Landkarte."
Großmama zog Großpapa am Ärmel. „Clarence", sagte sie, „wir haben nun genug schreckliche Dinge gehört. Erzähle du mal den Leuten von mir und meinem Veilchentopf!"
Großpapa zwang sich zu einem Lächeln und schob für einen Augenblick alle Sorgen beiseite. „Das war so! Meine Idy begann ihre Blumen zu gießen, bevor wir fortgingen. Sie gab ihnen reichlich Wasser, aber dann – ihr mögt es mir glauben oder nicht – goss sie auch die künstlichen Veilchen, die ihr die Kinder zu Weihnachten geschenkt hatten!"
Eine junge Frau lachte nervös. „Ich verstehe das nur zu gut", bekannte sie. „Die Flut drang unter der Tür hervor und durchnässte meinen kleinen Teppich. Da nahm ich den Besen, um das Wasser aufzufegen, und schließlich auch noch die Kehrichtschaufel, um das Wasser aufzufangen! Stellt euch vor, mit einem Handfeger und einer Schaufel gegen die Flut!"
Ein Mann mit einem einfältigen Gesicht erzählte: „Ich habe in meiner Scheune etwas Ähnliches getan; ich nahm nur anstatt der Schaufel die Schubkarre!"

Das Gespräch hörte auf, denn ein Pfarrer kam herein und betete für alle um eine gute Nacht und dass die Flut abebben und der Sturm sich legen möge. Nach und nach kehrten die Flüchtlinge zu ihren Bänken zurück. Die Lichter erloschen eins nach dem anderen, bis auf die oberhalb der Türen.

Während die Beebes sich in ihrer Ecke einrichteten, flüsterte Großpapa: „Nun macht die Augen zu, Kinder, und vergesst alle Sorgen und träumt etwas Schönes." Dann legte er sich auf den Fußboden, schlang die Wolldecke um sich wie ein Indianer und fing an, in regelmäßigen, tiefen Atemzügen zu schnarchen.

„Das ist das beste Schlummerlied!", sagte Großmama und seufzte. Und Großpapas Ruhe wirkte so ansteckend, dass Paul und Maureen nun auch einschliefen.

12 Wait-a-Minute konnte nicht anders

Gegen sechs Uhr am nächsten Morgen hatten die Männer draußen nach dem Wetter gesehen und berichteten: „Der Sturm hat etwas nachgelassen und weht weiter aus Nordnordost. Der Himmel ist bedeckt, aber es regnet nicht mehr."

Um sieben Uhr erschien eine ganze Gruppe des Wohltätigkeitsvereins der Frauen und brachte Berge süßer Brötchen und Kannen mit heißem Kaffee.

Um acht betrat ein Offizier der Küstenwache den Saal, er sah gut aus, mit energischem Gesichtsausdruck. „Leute!", rief er laut. „Ich bringe euch gute Nachrichten. Ihr werdet erfreut sein, zu hören, dass das Rote Kreuz kommen und Konserven bringen wird, dazu Heißwasserbereiter, damit ihr warme Mahlzeiten zubereiten könnt."

Ein Mitglied des Frauenvereins ging beleidigt fort.

„Und sie werden Liegen und Kissen bringen, damit niemand mehr gezwungen ist, auf dem Fußboden zu schlafen." Das Schweigen wurde bedrückend. Wer wollte denn eine zweite Nacht hier verbringen! Selbst auf einer Liege! Alle wollten nach Hause.

„Überlegt euch, liebe Leute", fuhr die lebhafte Stimme fort, „dass dieses nicht eine Evakuierung für einen Tag ist. Es werden noch weitere Flüchtlinge kommen."

„Und wo sollen sie untergebracht werden?", fragten mehrere Stimmen.

Der Offizier überhörte den Einwurf. „Auf Anordnung des Gesundheitsamtes können Frauen und Kinder nicht eher nach Chincoteague zurückkehren, bis alles tote Geflügel und die übrigen verendeten Tiere fortgeschafft worden sind – Gänse, Hunde, Schweine und natürlich auch die toten Ponys. Sie könnten Seuchen übertragen – Typhus oder Schlimmeres."

Großpapas Arme reichten aus, um eine ganze Familie zu umspannen. „Glaubt dem Mann nicht! Ponys haben Instinkt. Sie werden sich auf einer hügeligen Stelle verkrochen haben und dort abwarten. Und Misty ist selbstverständlich wohlgeborgen im Trockenen."

Der Offizier wartete, bis sich Gemurmel und Gebrumm gelegt hatten. Er klopfte wieder und bat um Ruhe. „Der Bürgermeister von Chincoteague bittet um Freiwillige – kräftige Männer, die täglich hinüberfliegen sollen, um die Ordnung auf der Insel wiederherzustellen und den Deich wieder aufzubauen. Aber nur kräftige Männer", wiederholte er, einen prüfenden Blick über die Menge werfend. „Alle, die sich freiwillig melden wollen, bitte hierher in den vorderen Raum."

Großpapa lief wie aus der Pistole geschossen nach vorn, Paul wie sein Schatten hinter ihm her!

„Paul!", schrie Großmama. „Sofort kommst du zurück!"

Aber Paul schien nicht zu hören. Er hielt sich dicht an Großpapas Seite, und beide kamen als Erste beim Offizier an.

Großmama seufzte: „Wer kann schon einen Beebe zurückhalten! Wir können stolz sein auf unsere Männer, meinst du nicht auch, Maureen?"

Das Mädchen brach in Tränen aus. „Oh! Großmama, es ist doch schrecklich, ein Mädchen zu sein! Paul erlebt immer die aufregendsten Dinge, und nun wird er der Erste sein, der Mistys Fohlen sieht. Oh! Oh!“ Und sie barg ihren Kopf schluchzend an Großmamas Busen.

„Still! Still, Liebling! Wir werden für dich schon etwas ganz Besonderes finden. Warte nur ab.“

Mehrere zähe, wetterharte Fischer hatten sich inzwischen als Freiwillige aufgereiht. Der Offizier zählte ab, und als er Paul sah, blieb er stehen und überlegte, ob er ein Mann oder ein Junge sei. Er ließ Paul vorläufig aus und fing an zu zählen „– elf, zwölf, dreizehn, vierzehn.“ Bei vierzehn machte er eine Pause.

„Aber, Sir –“, rief Paul mit lauter, drängender Stimme. „In den Hubschrauber passen fünfzehn hinein, und Großpapa braucht mich! Nicht wahr, Großpapa?“

Der Offizier sah den alten Mann an. „Die Sache ist die“, sagte Großpapa stolz, „wenn es darauf ankommt, etwas Schweres zu schleppen, dann hat er Kräfte für zehn!“

„Dann ist es gut“, sagte der Offizier lächelnd. „Damit ist unsere erste Ladung voll.“

Als der Hubschrauber auf Chincoteague unmittelbar neben dem Spritzenhaus landete, erwartete sie der Bürgermeister, der in der Kälte und Nässe die Hände zusammenschlug, um warm zu werden. Er steckte den Kopf in die Kabine und musterte die Insassen schnell. Dann teilte er seine Befehle aus. „Stellt euch in drei Gruppen auf. Beebe, du und Paul, ihr begebt euch nach Deep Hole, um nach den verendeten Ponys zu sehen und die Stelle anzuzeigen, damit sie mittels Flugzeug fortgeschafft werden können. Charlie und Jack, ihr beiden sammelt Leute, die beim Zusammentragen des toten Geflügels helfen. Alle anderen brauchen wir zum Ausbessern des Deiches, damit wir die Tierkadaver abtransportieren können. Ich danke euch für euren Freiwilligendienst."

Drei Lastautos der Regierung parkten neben dem Hubschrauber, um jede Gruppe an ihren Platz zu bringen. Der Fahrer des ersten winkte Großpapa und Paul zu und begrüßte sie lächelnd. „Ihr könnt von Glück sagen", meinte er, „euer Haus steht noch. Jedenfalls war es so, als ich das letzte Mal dort war."

Mit stockender Stimme stieß Paul heraus: „Geht es Misty gut? Hat sie ein Fohlen bekommen?"

„Es tut mir Leid, Paul, aber wir hatten zu viel zu tun, um nach ihr sehen zu können. Aber der Bürgermeister meinte, dass ich euch hinbringen soll, bevor wir nach Deep Hole fahren."

Es war ein seltsames Gefühl, die Hauptstraße hinunterzuschaukeln. Paul konnte sich von gestern noch erinnern, wie alles hier ausgesehen hatte. Aber da waren noch Chincoteague-Leute in Gummistiefeln, die bis zu den Hüften reichten, hindurchgewatet oder auf Pferden geritten oder in Lastautos gefahren – und alle hatten versucht Witze zu machen. Heute dagegen sah man keine bekannten Gesichter

mehr, Soldaten mit verschlossenem Blick gingen mit geladenem Gewehr die Straßen auf und ab.
„Was tun sie hier?“, fragte Paul.
„Sie sollen Plünderungen verhindern“, antwortete der Mann von der Wache.
Aber was gibt es hier noch zu plündern, überlegte Paul, als er die Häuser betrachtete, zusammengedrückt wie Streichholzschachteln, aus deren Trümmer hier und da noch ein Eisschrank, eine mit Schlamm gefüllte Badewanne heraussah.
Andere Lastwagen fuhren an ihnen vorbei, die Lebensmittel zum Spritzenhaus brachten, zur Baptistenkirche und den wenigen, höher gelegenen Häusern, deren Bewohner sich geweigert hatten, fortzugehen.
Und sie kamen an Bergen von Schutt vorüber, wo einst altbekannte Wahrzeichen gestanden hatten: das Austernhaus und das kleine weiße Gasthaus, dessen Besitzer sich jedes Mal rühmte, dass er Wagenladungen von Zahnstochern verbrauchte! Nun war nicht mehr ein einziger Zahnstocher zu finden!

Als das Lastauto sich nach Osten zu der Landzunge näherte, auf welcher Beebes Pony-Farm lag, kniff Paul die Augen zu. Der hübsche Wegweiser „Mistys Wiese“ war nun am falschen Platz, denn da war keine Wiese mehr, nur noch schlammiges, schmutziges Wasser.
Paul fühlte, wie ihm die Angst die Kehle zuschnürte. Er hatte die ganze Nacht und den halben Morgen darauf ge-

wartet, Misty wieder zu sehen. Als nun aber das Haus in Sicht kam, hielt er es nicht länger aus und wollte hinunterspringen. Großpapa schob ihn mit dem Arm zurück. „Du springst wie ein Fisch in der Bratpfanne, mein Sohn! Nun beruhige dich erst einmal, denn Ponys können keine nervösen Leute vertragen!"

Es erschien ihnen wie eine Ewigkeit und hatte doch kaum eine Minute gedauert, bis das Auto hielt und Paul und Großpapa hinunterkletterten und die Treppenstufen hinaufstiegen.

Atemlos öffnete Paul ein wenig die Küchentür, und in Sekundenschnelle fiel alle Angst von ihm ab. Misty sprang auf, als ob sie schon lange auf diesen Augenblick gewartet hätte, und ging ihm entgegen, ging aber sehr behutsam und hob die Beine, um nicht auf etwas Dunkles, das sich im Stroh bewegte, zu treten.

„Kaum zu glauben!" Großpapa, der Paul über die Schulter blickte, schüttelte sich vor Lachen! „Das ist doch kaum zu glauben!"

Und schon lagen er und Paul auf den Knien, und Paul lächelte ein wenig, während er Wait-a-Minute streichelte und ihre vier kleinen Kätzchen bewunderte.

„Kaum zu glauben!", wiederholte Großpapa. „Misty hat mit ihrem Fohlen gewartet, aber das hat Wait-a-Minute nicht geschafft!"

„Ein ganzer Haufen Kätzchen in Großmamas Küche!", sagte Paul. Enttäuscht, wie er war, konnte er sich trotzdem das Lachen nicht verbeißen.

13 In Deep Hole

Nachdem sie Misty abgetastet und untersucht hatten, schlug Großpapa verzweifelt die Hände zusammen. „Das kann sich unter Umständen noch eine ganze Woche hinziehen!"

Paul stöhnte; er hätte gern gewusst, ob das Fohlen vielleicht schon tot war und deswegen nicht zur Welt kam, oder aber, ob Misty womöglich gar kein Fohlen erwartete.

„Wer weiß", sagte Großpapa. „Es kann auch sein, dass sie wartet, bis ihr Stall wieder trocken ist. Sie hat noch genügend Heu. Füttere du die Katze, während ich einen Blick durch das Haus werfe."

Als Großpapa den Flur entlangging, untersuchte Paul den Kühlschrank. Er nahm den Topf mit Milch heraus und roch daran. „Igittigitt!", sprach er zu sich selber. „Wait-a-Minute muss sich nun mit dem Rest der Bohnen zufriedengeben."

Großpapa kehrte bald zurück und rieb sich die Hände. „Das Wasser ist nur in eins der Schlafzimmer gelaufen. Aber die Luft in den Stuben ist kälter als im Grab, und es stinkt überall nach toten Fischen. Wie gut ist die Luft dagegen hier! Der Geruch von Pferden hat doch immer etwas Anheimelndes."

Misty kam voller Erwartung auf ihn zu.

„Tut mir Leid, mein Mädchen! Habe heute leider keine Zeit zum Schäkern. Los, Paul, lass uns gehen. Wir können den Lastwagen nicht ewig warten lassen, und ich muss endlich sehen, wie es meiner Herde in Deep Hole geht."

Tom Reed war im Begriff, in sein Boot zu steigen, als das Auto auf seinem Hof am Nordende der Insel eintraf. „Ich habe damit gerechnet, dass ihr ungefähr um diese Zeit ankommen würdet", rief er. „Steigt von diesem neumodischen Ding da herunter und klettert auf meine alte Fähre."

„Wie kommt es, dass sie nicht abgetrieben worden ist wie meine?", fragte Großpapa, während er mit Paul hinüberwatete. „Und wie kommt es, dass du mit deiner Frau nicht evakuiert wurdest?"

„Ich habe sie am Dachsparren meiner Scheune festgebunden, deshalb!"

„Hängt sie denn da immer noch?", fragte Paul grinsend.

Tom musste bei dieser Vorstellung lachen. „Ach, mein Sohn, ich meinte doch die Fähre! Die Wahrheit ist, dass Mary sich einfach geweigert hat, fortzugehen!"

Der Lastwagenfahrer wendete, um zurückzufahren. „He! Mr Beebe!", rief er. „Wann soll ich wiederkommen?"

Tom antwortete stattdessen: „Das kann man nicht voraussagen, Hauptmann. Irgendwann heute. Sie müssen halt einmal nachsehen."

Als Paul in das Boot stieg, bemerkte er ein Bündel Stöcke und eine Plastiktüte mit Stoffresten.

„Wofür brauchen Sie die?", fragte er.

„Es sind Lappen aus dem Flickenbeutel meiner Frau. Ich will sie benutzen, um an den Stellen, wo die toten Ponys liegen, kleine Flaggen zu hissen. Ich kann mir nicht vorstellen, dass die Hubschrauber sie finden, wenn sie nicht wissen, wo sie sind."

Obwohl es bitterkalt war, ließ der Wind weiter nach, und der Himmel schimmerte in tiefem Blau durch die Wolken. Aber das Wasser um sie her war schmutzigbraun und voller Treibgut.

Großpapa ergriff ein Ruder.

„Warte eine Minute, mein Junge", sagte Tom, „ich habe strenge Anweisung von Mary, euch Kaffee anzubieten, bevor wir losfahren."

„Warte eine Minute!", machte Großpapa ihm nach. „Wir haben zu Hause eine Katze, die wir Wait-a-Minute nennen, weil sie nie warten kann!"

Aufgeregt fuhr Paul fort: „Und nun hat sie Junge bekommen! Matthäus, Markus, Lukas und Johannes!"

„Ich will ein Eidechsenschwanz sein", bollerte Großpapa los, „wenn es etwas Schlimmeres gibt, als jemandem Namen von Heiligen anzuhängen, die überhaupt nicht zu ihm passen! Katzen mit Namen der Apostel! Man stelle sich das vor!"

„Sie sind aber leichter zu behalten", meinte Tom, „und keiner ist beleidigt, wenn man sie alle nacheinander ruft." Er goss starken schwarzen Kaffee in den Becher der Thermosflasche. „Extra stark", sagte er und bot ihn Paul zuerst an, „damit wir Kräfte sammeln für das, was uns bevorsteht."

Paul probierte und zwang sich, keine Grimasse zu schneiden. Dann goss er den Kaffee hinunter und fühlte ihn brennend heiß durch die Kehle gleiten.

Großpapa trank bedächtig und in kleinen Schlucken. „Drüben auf Assateague“, ließ er seine Gedanken laut werden, „sind in den Dünen viele Vertiefungen, in denen sich gutes, reines Regenwasser ansammelt. Wenn überhaupt Ponys am Leben geblieben sind, finden sie dort zu saufen. Aber hier –“ Plötzlich schüttete er den Rest des Kaffees über Bord. „Wir müssen versuchen, die Überlebenden sofort zu retten, sonst bekommen sie Kolik und gehen am Brackwasser zugrunde! Los!“, brüllte er.

Tom gab die Richtung an, und sie nahmen jeder ein Ruder und stießen es in den Morast. Es ging schwer. Das schlammige Wasser war verstopft durch Planken von zertrümmerten Hühnerhäusern, Dorngestrüpp, Brombeersträuchern und wildem Wein, die sich so sehr ineinander verflochten hatten, dass man ebenso gut ein festes Drahtgitter hätte durchstoßen können.

Schweigend trieben die drei das Boot voran, von Zeit zu Zeit anhaltend, um die Hindernisse beiseite zu schieben und die Ruder vom Seetang zu befreien.

Plötzlich verspürten sie einen Schlag – einen Ruck! Sie rissen die Ruder hoch, jede Bewegung hörte auf; entsetzt starrten die Männer hinab.

„Oh, Gott!“, flüsterte Großpapa. „Das ist mein Black Warrior!“

Keiner sagte ein Wort. Tom Reed griff nach unten, zog ein

Stückchen Stoff aus dem Beutel und befestigte es an einem Stock. Dann steckte er das Zeichen in den Schlamm, unmittelbar neben der Leiche des Hengstes. „Es ist ein Stück von Marys Unterrock", sagte er nervös, um überhaupt etwas zu sagen. „Ich mochte das Muster mit den Blumen immer besonders gern."

Großpapas Blick ging in die Ferne. „Ich bin immer stolz gewesen auf Black Warrior", sagte er ruhig. „Er war es gewohnt, an den Tagen des Wildpferdefanges die besonders wilden Ponys zusammenzutreiben auf die Festwiese, und sein Schweif war so lang, dass er über die Straße schleifte, und sein Fell glänzte schwarz im Sonnenschein. Erinnerst du dich, Paul?" Er wischte sich mit dem Ärmel über die Augen. Dann veränderte sich seine Stimme. „Vorwärts!", kommandierte er. „Wir müssen die Überlebenden finden!"

Die Suche im Schmutz ging weiter. Ruhe lag über dem Sumpf, man hörte nur den Schlag der Ruder und das Knacken der Zweige, während das Fährboot sich schwerfällig fortbewegte. Dann durchbrach ein rauer, krächzender Schrei die Morgenstille.

„Seht da!", rief Paul. „Krähen!"

Die Männer ruderten schneller, bis sie auf einen Schwarm dieser frechen, schwarzen Vögel stießen, die über einem Haufen toter Ponys kreisten.

Großpapas Gesicht verzog sich vor Schmerz. „Warriors Stuten und Fohlen!", sagte er, vollkommen außer sich. Es schien beinahe, als lebten sie noch. Manche standen halb

im Wasser, durch Trümmerstücke eingeklemmt. Sie sahen aus, als seien sie alt und soeben eingeschlafen.
„Ich nehme an, dass sie vor Erschöpfung und Kälte gestorben sind." Toms Stimme zitterte. „Eine Flagge genügt für alle!"
Großpapa kletterte aus dem Boot, nahm Tom die Flagge aus der Hand und steckte sie mit einer heftigen Bewegung tief in den Schlamm. Dann schaute er noch einmal hin und nannte sie alle mit Namen, jedem rief er ein paar Worte des Dankes zu. „Dieses war die treue Palomina mit den besonders großen Ohren, aber zahm wie der junge Tag, obwohl sie nie geritten worden war. Und diese große, alte Stute war auf einem Auge erblindet, warf aber in jedem Frühjahr ein Fohlen, so regelmäßig, wie die Narzissen blühen. Und diese Stute hatte ein schönes Alter erreicht. Sie war über zwanzig Jahre alt."
Die Krähen kamen zurück, kreisten und krächzten über Großpapas Kopf. Ärgerlich verjagte er sie mit seinem Hut. „Sie hatte wohl zwölf, vielleicht auch fünfzehn Fohlen und erwartete wieder eins." Er seufzte schwer. „Dieser Black Warrior war ein guter Hengst. Er hat versucht, seine Familie in Sicherheit zu bringen, aber –" seine Stimme brach – „sie konnten nicht von der Stelle."

Das herzzerreißende Werk ging weiter. Sie fanden tote
 Schlangen, Kaninchen und Ratten. Und sie stießen auf weitere tote Hengste und neben ihnen ihre Stuten und Fohlen. Und sie fanden wiederholt Einzelgänger, die, von Schling-

pflanzen erfasst, sich in ihnen verheddert hatten. Als der Morgen in den Mittag übergegangen war und der Mittag in den kalten Nachmittag, war der Haufen der Flaggen im Boot klein geworden.

„Großpapa!“, schrie Paul. „Ich sehe noch etwas Lebendes! Im Gehölz dort.“

Sie kehrten um und stakten das Boot durch die nasse Ansammlung von Dornbusch und Myrtensträuchern.

Und dort, eingeklemmt zwischen abgebrochenen Ästen, fanden sie noch eine Herde verlorener Ponys mit gesenkten Köpfen, die kaum noch atmeten.

Großpapa glitt vom Bord des Bootes hinab und gab sich Mühe, nicht zu platschen, um sie nicht zu erschrecken. Leise rief er jedes beim Namen: „Nancy, Lucy, Polly, Grey Belle, Princess, Susy –“

Die tiefe, raue Stimme war ihnen wie ein Rettungsring, den man Ertrinkenden zuwirft. Sie hoben ihre schwarzen Köpfe, und das eine versuchte zu wiehern, aber es wurde nur ein schwacher Hauch. Sie saßen eingeklemmt im sumpfigen Morast!

Tom und Paul waren augenblicklich an Großpapas Seite. Ohne sich gegenseitig zu verständigen, wussten sie, was sie zu tun hatten. Sie mussten die Ponys auf das höher gelegene Land in die Nähe von Toms Haus treiben, sonst würden auch sie zugrunde gehen! Mit grimmiger Entschlossenheit griffen sie nach Tannenzweigen und gebrauchten sie als Stöcke. Sie schwangen sie, schlugen damit aufs Wasser, brüllten wie die Irrsinnigen, um dadurch die halb toten Tiere ins Leben zurückzurufen. Eine fuchsige Stute strampelte sich frei und setzte zu einem verzweifelten Sprung an. Die Übrigen torkelten hinterher, versuchten vor dem wilden Tumult hinter ihnen davonzulaufen. Krabbelnd, durch aufgerissene Baumwurzeln krachend, sich zwischen Gestrüpp und Dickicht hindurchzwängend, quälten sie sich Zentimeter um Zentimeter vorwärts. Und plötzlich tauchte aus den Wäldern ein schmutzbedeckter Hengst auf und traf mit ihnen zusammen.

„Das ist Wings!“, jauchzte Paul. Menschen und Ponys waren vollständig erschöpft, aber trotzdem rannten sie weiter. Sie waren gezwungen, es zu tun! Das Boot schiebend, trieben die Männer es zwischen die zaudernden Ponys, die vor Angst weiterliefen. Und schließlich erreichten sie Toms Hof – und waren endlich in Sicherheit!

Geschlossen liefen die Ponys auf die Tränke zu. Doch mit einem einzigen Griff kippte Großpapa das Wasserfass um, sodass das schmutzige, durch die See verdorbene Wasser herauslief. Er versuchte den darüber liegenden Wasserhahn. „Der Druck ist gut“, frohlockte er, „aber zuerst müssen sie ordentlich verpusten, und hinterher dürfen sie saufen.“

Er, Tom und Paul mussten ebenfalls wieder zu Atem kommen. Es war ein glückliches Atemholen, denn etwas hatte sich schließlich doch noch zum Guten gewendet!

14 Misty geht nach Pocomoke

Im Hubschrauber auf dem Heimweg nach Wallops Station besprachen Großpapa und Paul die Ereignisse. Sie wollten versuchen, den Schmerz des heutigen Tages zu überwinden. Es hatte keinen Zweck, heute Abend darüber zu sprechen, wenn alle zuhörten. Es wäre das Gleiche, als ob man eine Wunde aufrisse und sie jedem zeigte. Stattdessen wollten sie von den Kätzchen erzählen. Und als der Hubschrauber landete, waren ihre Gesichter verschlossen.

Maureen und Großmama, in Mäntel und Schals gehüllt, holten sie ab.

Maureen, vor Neugier platzend, eilte voraus. Doch bevor sie Gelegenheit hatte zu fragen, sagte Paul: „Du wirst es niemals erraten!"

„Nun gut, du Angeber, dann lasse ich es eben!"

„Es sind aber mehrere!"

„Zwillinge?" Sie schnappte nach Luft. „Oh! Paul! Ist das nicht herrlich? Eins für dich und eins für mich!"

„Ach! Unsinn! Vierlinge sind es, vier Stück!"

„Das ist doch nicht möglich!", unterbrach Großmama, während sie auf die Messehalle zuschritten. „Ich bin zwar die Tochter eines Schiffskapitäns, aber so weit kenne ich mich doch mit Ponys aus, dass sie niemals Vierlinge bekommen! Nun rede du, Clarence!"

Großpapa nahm den Hut ab und ließ den Wind durch sein Haar wehen.

„Weißt du, Idy, deine Küche ist zur Kinderstube für vier kleine –“

Da jammerte die Großmama: „Oh! Meinen schönen neuen Tisch haben sie angeknabbert und mein Linoleum verdorben!“

„Pah, die Kleinen sind so winzig wie ein Nichts“, sagte Großpapa und zwinkerte Paul zu.

Vor dem Eingang zur Messehalle hüpfte Maureen plötzlich hin und her. „Es ist Wait-a-Minute“, schrie sie, „die schon wieder Junge hat!“

„Stimmt!“, sagte Paul lachend. „Großmamas Küche ist jetzt ein ‚Miau-seum‘!“

Die Kinder und die Großeltern lachten erleichtert, nicht nur über Pauls Witz, sondern aus Freude darüber, dass sie nun wieder alle beisammen waren.

Der Flüchtlingsraum hatte sich verändert – Feldbetten standen längs der Wand, ausgerichtet in Reih und Glied, wie die Zähne eines Kammes. Außerdem gab es neue Tische und Stühle und einen Fernsehapparat, um den im Halbkreis lachende Kinder saßen.

Die Beebes suchten sofort ihre Ecke auf. Maureen und Großmama stellten unzählige Fragen, bekamen aber nur einsilbige Antworten.

„Misty geht es gut.“

„Nein, nirgendwo eine Spur von Skipper.“

„Auch das Kaninchen ist fort.“

„Und unser Haus ist trocken bis auf eine nasse Stelle in einem der Schlafzimmer." Bei diesen Worten hielt sich Großpapa die Nase zu. „Aber ein Gestank ist darin, zum Davonlaufen!"

In ihrem Kummer um den Zustand des Hauses hatte Großmama die Ponys ganz vergessen. Als sie Großpapa jetzt half, den Pullover auszuziehen, fragte sie schließlich: „Was machen deine neunzig Ponys, Clarence? Sind sie –?"

Paul schwieg, und Großpapas zerfurchtes Gesicht blieb unbeweglich. Er starrte geradeaus.

„Es hat Verluste gegeben", war alles, was er sagte. Er wandte sich an Maureen, und seine Stimme klang gepresst und tonlos. „Paul und ich haben heute furchtbar laut schreien müssen und sind ziemlich erledigt. Wir sind nicht sehr gesprächig, nicht wahr, Paul?"

„Nein, Großpapa."

„Wie wäre es, Maureen, wenn du und Großmama uns, wie die Engel vom Roten Kreuz, das Abendbrot herüberholtet? Wir möchten nicht gern mit all den Leuten an dem langen Tisch zusammen essen."

Freitag – vierter Tag der Sturmflut. Grauer Himmel über Chincoteague – Regenschauer – steigende Temperatur – Wind und Flut lassen langsam nach. Der Deich ist wieder in Ordnung – rote Ambulanzwagen fahren Kranke fort – gelbe Schulbusse die Gesunden. Lastautos transportieren das eingegangene Geflügel ab.

Misty in der Küche der Pony-Farm wird immer ruheloser. Sie hat kein Heu mehr, und das Wasser im Spülbecken ist zu Ende. Die quiekenden, unruhigen Kätzchen langweilen sie, und sie hat keine Lust mehr, aus dem Fenster zu schauen. Es scheint sich nichts zu ereignen. Keine Ponys springen umher, keine Hunde foppen sie, um mit ihr zu spielen. Keine Vögel fliegen hoch, nirgendwo sind freundliche Leute zu sehen!

Es ist zu warm in der Küche. Ihr dickes Winterfell juckt. Auch das knorplige Stück ihres Schweifes juckt. Sie sucht nach einem Gegenstand, an dem sie sich scheuern könnte. Da ist der Griff vom Kühlschrank. Sie lehnt sich dagegen, und zu ihrer Überraschung schlägt ihr die Tür direkt in den Rücken. Sie dreht sich um und hätte beinahe die Kätzchen getreten!

Nun steckt sie den Kopf in den Kühlschrank, schnaubt und schnüffelt. Sie versucht, die Zunge in einen Topf mit süßer Melasse zu stecken. Ein Krach! Die dunkle, zähe Flüssigkeit tropft auf die Kätzchen herab und auch auf Wait-a-Minute!

Jetzt hat Misty endlich etwas zu tun! Sie leckt Wait-a-Minute ab, und Wait-a-Minute leckt die Kätzchen ab. Das regelmäßige Schlecken verursacht behagliches Schnurren. Misty wird schläfrig. Sie möchte sich hinlegen, aber die Kätzchen sind ihr im Wege! Schließlich schläft sie ein und steht über den Kleinen und ihrer Mutter.

Der Nachmittag kam, an dem sich seltsame Dinge ereignen sollten. Paul und Großpapa trafen auf der Pony-Farm ein. Dieses Mal waren sie ratlos in ihrer Sorge um Misty. „Min-

destens noch einen oder zwei Tage!“, sagte Großpapa und machte ein ernstes Gesicht.
„Das sagst du!“, antwortete Paul vorwurfsvoll.
„Ich weiß“, sagte Großpapa niedergeschlagen, als ob er seine Pflichten versäumt hätte. Und an Ort und Stelle entschloss er sich: „Wir bringen sie noch heute hinüber zu Dr. Finney, und zwar sofort.“
Sie führten Misty aus dem Haus hinaus und zu dem alten Lastauto, wo sie auf dem gewohnten Platz ein Heubündel ausbreiteten.
„Warte, Misty, wir sind gleich wieder da“, sagte Großpapa, „Paul und ich wollen die Küche schnell ein bisschen sauber machen.“
„Oh! Muss das denn sein?“, fragte Paul ungeduldig.
„Ja, mein Junge. Ich habe das Gefühl, deine Großmama kommt sehr bald zurück.“
Großpapa und Paul misteten die Küche aus und reinigten den Fußboden oberflächlich.
„Jetzt bekommst du erst einen Begriff davon, was die Frauensleute schaffen, nicht wahr, Paul?“, meinte Großpapa und tauchte den Schrubber in einen Eimer mit Lauge.
„Wieso?“
„Nun, möchtest du auf den Knien liegen und mit Lauge den Fußboden blank reiben?“
„Da miste ich doch lieber den Stall aus!“
„Das meinte ich eben. Misty kann man zwar als sauberes Pony bezeichnen. Sie geht immer in die gleiche Ecke und scharrt einen ordentlichen Hügel Stroh darüber. Aber trotzdem – !“

Als sie so gut wie eben möglich Ordnung geschafft hatten, betrachteten sie ihr Werk.
Der Raum sah schon besser aus, fanden sie. Die Kätzchen lagen im Wäschekorb, das Stroh war entfernt und die Melasse einigermaßen aufgewischt, aber das Muster des Linoleums war irgendwie verdorben.
„Nun“, meinte Großpapa seufzend, „deine Großmutter wird sagen: ‚Clarence Beebe, das ist hier ein richtiges Drecknest!‘ Und dann wird sie sich sofort hinknien, Bürste und Eimer nehmen und schrubben und schnurren wie Wait-a-Minute mit ihren Kätzchen! Überlassen wir es ihr und kümmern wir uns um Misty.“

Anstatt weniger Minuten dauerte es heute eine geschlagene Stunde, den Lastwagen durch die Stadt zu steuern. Die Straßen waren voller Menschen und Maschinen. Schwere Traktoren schoben die Sandmassen in die Bucht zurück und das Gestrüpp, das verbrannt werden sollte, zu Haufen zusammen. Jedes Mal, wenn das Auto anhielt, erkannten die Leute Misty und stellten Fragen.
„Wohin bringt ihr Misty?“
„Zu Dr. Finney!“
„Aber warum denn jetzt, da das Wetter sich aufklärt?“
„Weil sie einen Doktor braucht, deswegen –“, antwortete Großpapa. „Sie ist nämlich über die Zeit des Fohlens hinaus.“
Der Bürgermeister kam aus seinem Haus und nahm ihnen allen Mut, als er, übernächtigt und abgespannt, sagte:

„Beebe, mit dem Fortschaffen der toten Ponys wird es noch eine Weile dauern."
„Wie kommt denn das?"
„Die Regierung ist damit einverstanden, dass den am Leben gebliebenen Ponys auf Assateague durch Flugzeuge frisches Wasser gebracht wird, aber sie hat noch keine Anweisung gegeben, die toten Tiere zu bergen."
Großpapa rief wütend: „Bürgermeister! Die Überlebenden haben ja Wasser! Es gibt genügend Wasser in den hochgelegenen Teilen oben auf den Weißen Hügeln, und die Ponys wissen das."
„Wir beide wissen es auch, Clarence. Aber es kommt leider oft genug vor, dass Leute von außerhalb Dinge anordnen, die fehl am Platze sind. Sie meinen es gut", fuhr er lächelnd fort. „Es ist die gleiche Geschichte mit der Evakuierung. Obwohl Trinkwasser vom Festland nach Chincoteague gepumpt wird, steht das Gesundheitsamt auf dem Standpunkt, dass Frauen und Kinder noch nicht zurückkehren dürfen!"
Großpapas Gesicht lief rot an. „Bürgermeister, ich glaube, Sie brauchen mir nicht zu sagen, dass die Weibsleute hochgehen wie Feuer und schimpfen wie die Spatzen! Wenn sie nämlich nicht bald nach Hause gehen können und ihre nassen Matratzen und Stühle an die Luft bringen, dann wird alles verderben."
„Ja, ich weiß, ich weiß! Ich versuche mein Bestes, um Klarheit zu schaffen. Gerade habe ich ein Gespräch angemeldet mit unserem Senator in Washington. Vielleicht kann er etwas für uns tun!"

„Aber was soll aus den Leuten werden, die nicht fortgegangen sind?“

„Wir können sie zwingen, ihre Häuser zu verlassen, Clarence. Aber die in Wallops Station können erst dann zurückkehren, wenn die toten Tiere geborgen sind. Und, Clarence“, sagte er, als Großpapa auffuhr, „wenn der Befehl durchgegeben wird, bitten wir dich, uns beim Verladen der Kadaver zu helfen.“

Auf der langen Fahrt nach Pocomoke brummte und knurrte Großpapa vor sich hin.

Paul fielen die Augen zu. Mit Misty dicht hinter seinem Rücken – dass er nur den Arm auszustrecken brauchte, um sie zu streicheln – fühlte er sich plötzlich erleichtert und entspannt, sorgloser als zu der Zeit, da der Sturm einsetzte. Er gab sich Mühe, wach zu bleiben, Großpapa zuzuhören, versuchte, die Landschaft zu betrachten, aber die Augen fielen ihm zu. Zuletzt kroch er hinüber zu Misty und schlief auf dem Boden des Lastautos an ihrer Seite ein.

Als sie schließlich bei Dr. Finney ankamen, musste Großpapa ihn wach rütteln.

15 Großpapa macht ein gutes Geschäft

Doktor Finney war ein großer, starker Mann; äußerlich ruhig, machte er den Eindruck, als wisse er, was es heißt, zu leiden und Geduld zu üben.

„Was glauben Sie, Herr Doktor", fragte Paul, als sie mit Misty auf der Koppel standen.

„Nun, um es offen zu sagen, sie ist ein wenig zu stark, Paul, ich meine, für ein so zartknochiges Pferd. Und gerade in ihrem jetzigen Zustand ist das nicht günstig. Aber wir werden sie schon durchbringen!"

Misty drängte sich mitten in die Gruppe hinein, mit angelegten Ohren fragend, als wäre sie Teilnehmerin an der Beratung und nicht die Ursache.

Der Doktor legte seine Hand leicht auf Pauls Schulter. „Misty wird sich hier nicht ganz einsam fühlen", sagte er, „sie kann sich mit Trineda in der Nachbarbox anfreunden, einem gutmütigen Traber. Und mein Sohn David kann sie trösten und dich während der nächsten Zeit vertreten", fuhr er schnell fort.

Gerade in diesem Augenblick kam Dr. Finneys Sohn aus dem Haus gelaufen. Beinahe hasste Paul den Jungen in dieser Sekunde, denn Misty trabte sofort auf ihn zu und schnupperte neugierig.

„Doktor Finney", sagte Paul flehend, „könnte ich nicht hier bleiben? Bitte!"

Großpapa antwortete, bevor noch Dr. Finney sich geäußert

hatte. „Wenn du dich hier nützlich machen könntest, würden der Doktor und ich nichts dagegen haben, aber du wirst drüben auf Chincoteague gebraucht. Es gibt dort noch schrecklich viel aufzuräumen, und du hast dich freiwillig als kräftiger Mann gemeldet. Vergiss das nicht!"

Trotzdem konnte sich Paul nicht entschließen zu gehen. Er ließ seine Hand über Mistys Mähne gleiten und strählte ihr langes Haar. „Doktor Finney", fragte er, „wäre es ein guter Vorschlag, wenn wir eine Milchziege anschafften, im Falle, dass –"

Gerade wollte der Doktor antworten, dass es nicht notwendig sei, als er das besorgte Gesicht des Jungen sah. Es war seiner Meinung nach besser, ihm zuzustimmen, als ihn zu beunruhigen, weshalb er meinte : „Das könnte nichts schaden, Paul. Viele Züchter halten für solche Fälle eine Milchziege. Nebenbei gesagt", wandte er sich jetzt an Großpapa, „ihr kennt doch sicher Buck Jackson in Chincoteague."

„Allerdings kenne ich ihn", antwortete Großpapa. „Er verkauft Ziegenmilch."

„Nun, er liefert heute eine Herde Ziegen in Girdletree ab, und ich werde die Gesundheitsatteste ausschreiben. Solltet ihr eine Ziegenamme kaufen wollen, dann könnte ich Buck fragen, ob er eine übrig hat. Aber ihr müsstet sie auf der Pony-Farm halten, da ich zu wenig Platz habe." Großpapa zuckte ergeben die Achseln. „Es geht mir sehr gegen den Strich", sagte er halb im Scherz, halb im Ernst.

Dann blickte er überrascht auf die Straße. Ein schneeweißes Lastauto rollte auf sie zu. Jetzt verlangsamte es die

Fahrt, und Großpapa entzifferte die großen, schwarzen Buchstaben an der Längsseite: **Buck Jackson – Lieferant von Ziegenmilch.**

Mit knirschenden Rädern fuhr das Auto in die Einfahrt und hielt. Ein breitschultriger Mann sprang ab und ließ die hintere Klappe herunter. „Hei, Paul und David!", rief er. „Hei, Doktor! Hei, Beebe! Hei, Misty! Donnerschlag! Ein solches Empfangskomitee hätte ich nicht erwartet!"

Misty, Paul und David waren die Ersten, die in das Auto blickten. Die beiden Jungen waren plötzlich Freunde geworden und zugleich Käufer, die eine ganze Anzahl von Ziegen begutachteten!

Großpapa steckte seine Nase ebenfalls in das Auto und schnupperte geräuschvoll. „Ich kann sie einfach nicht ausstehen! Man riecht sie von hier bis ans Ende der Welt! Meiner Meinung nach riecht sogar ein Iltis besser!"

Aber Paul war Feuer und Flamme! „Das hilft nun nichts, Großpapa, und außerdem braucht Misty jemanden, mit dem sie spielen kann, da Skipper fort ist."

„Sie wird doch bald ihr Fohlen haben", sagte Großpapa. Paul hörte nicht hin. „Ich finde diese Amme mit ihrem Zicklein schön!"

„Ich auch", pflichtete David bei, „und wenn ich dein Großpapa wäre, würde ich die ganze Wagenladung kaufen", meinte er großzügig.

„Wer hat denn gesagt, dass ich überhaupt verkaufen will?", fragte Buck Jackson. Und das genügte! Großpapa war der geborene Händler. „Ich will dir mal was sagen, Buck. Es gibt auf Chincoteague eine Menge Ziegen, und manche sind schöner als deine. Cy Eustace hat eine ganze Herde, und Ben Sykes hat –“

„Die haben kein einziges Tier mehr, sie sind alle ertrunken!“

Großpapa überhörte den Einwurf. „Aber da mein Enkel eine Vorliebe für die Braune und ihr Junges hat, sage mir, was du für die beiden haben willst.“

Buck zwinkerte Dr. Finney zu. „Ich will Misty und ihr Ungeborenes haben!“

Jetzt wurde Großpapa wütend. „Du machst wohl Witze!“, schnaubte er.

„Wer spricht von Witze machen!“

Während alle schwiegen, steckte Misty den Kopf in den offenen Lastwagen, und die Milchziege stieß freundschaftlich mit dem Kopf nach ihr. Misty gefiel das sehr, und sie verlangte nach einem zweiten Stoß gegen ihre Nase.

„Ich gebe es auf“, sagte Großpapa seufzend, zog eine alte lederne Geldbörse hervor und fummelte darin herum. Er zog einen Bindfaden und ein Stückchen Draht heraus, die er in die Tasche steckte. Schließlich hatte er eine mehrfach gefaltete Fünfdollarnote gefunden. „Das mag dir wenig erscheinen, aber Pferde züchten ist nicht gerade ein einträgliches Geschäft. Hier, nimm das!“

Buck Jackson kaute nachdenklich auf einem Zahnstocher. „Wenn ich jetzt nicht Ja sagen würde“, meinte er schließlich, „dann würde Misty es mir übel nehmen. Abgemacht, Clarence, und ich werde dazu noch einen Ballen Heu herunterwerfen.“

So wurde das Geschäft schnell abgewickelt. Aber obgleich

nun die Milchziege mit ihrem Jungen erstanden war, wurde es Paul nicht leicht, sich von Misty zu verabschieden. „Reite sie aber nicht“, warnte er David, „weil sie ein Fohlen erwartet.“
„Das weiß ich“, antwortete David ärgerlich, „das weiß doch jeder.“
Dr. Finney hielt Misty am Halfter. „Mach dir keine Sorgen, Paul. Ich schlafe gleich neben Mistys Box und bin jeden Augenblick zur Stelle, wenn es soweit ist und das Fohlen kommt.“
„Ganz bestimmt?“
„Ich verspreche es dir.“

Es war bereits dunkel geworden, als Großpapa und Paul die Grenze nach Virginia passierten. „Geschäfte abwickeln macht hungrig“, sagte Großpapa. „Wie wär's, wenn wir in Wallops Station Pause machten und eine schöne, warme Suppe vom Roten Kreuz mit Großmama und Maureen zusammen äßen?“
„Und was machen wir mit den Ziegen? Sollen wir nach Hause fahren und sie zu Billy Blaze und Watch Eyes in den Heuschober bringen? Schließlich müssen sie sich an Pferde gewöhnen.“
Großpapa hörte nicht zu und meinte lächelnd: „Unterbrich mich nicht, mein Junge, ich überlege gerade etwas Wichtiges.“

Der Flüchtlingsraum hatte sich nicht verändert, es waren nur ein paar Feldbetten und neue Flüchtlinge hinzugekommen. Und es roch noch immer nach altem Gummi, Leder und feuchten Wollsocken.

Als die Familie sich an den langen Tisch gesetzt hatte, flüsterte Paul Maureen zu: „Der Geruch von Ziegen ist mir lieber als der von den Menschen hier! Und wir haben zwei Stück gekauft, eine Amme und ein Zicklein."

„Oh! Paul! Wie schön!"

„Schön sind sie nicht, sie sehen ziemlich komisch aus; ihre Augen sind so anders als die Augen unserer Ponys."

„Das weiß ich, sie sind bläulich gelb und so glasig wie Murmeln."

Paul und Maureen kamen kaum zum Essen, so viel hatten sie sich zu erzählen. „Misty ist nun bei Dr. Finney untergebracht, Maureen. Sie kann nicht ewig das Fohlen in sich tragen und auch nicht länger in Großmamas Küche hausen. Dort ist es zu stickig, nicht luftig genug. Außerdem –"

„Außerdem?"

„Ich hörte den Doktor sagen, dass irgendetwas nicht in Ordnung sein könnte."

Großpapa und Großmama waren ebenfalls in ein Gespräch vertieft. Es schien, als hätte Großpapa ganz vergessen, dass er hungrig war.

„Idy", sagte er, „die Pony-Farm besitzt neuerdings eine Milchziege mit einem Jungen, einem Zicklein mit Schnurrbarthaaren, die so lang sind wie bei deinem Vater, dem Schiffskapitän –"

„Clarence Beebe! Wie kannst du nur so reden! Ich möchte nicht, dass du einen Vergleich ziehst zwischen meinem Vater und einem jungen Ziegenbock!"

„Nun, nun, Idy, ich mache ja nur Spaß. Außerdem roch dein Vater so gut – nach Tabak und dergleichen. Nebenbei gesagt, hast du dich mit Maureen gegen Typhus impfen lassen?“, fragte er.

Großmama nickte.

„Gut, darüber bin ich sehr froh.“

„Wieso? Ist irgendwo Typhus ausgebrochen?“

„Das nicht, Idy, aber ich habe dich zu Hause nötig, damit du mich aufmunterst bei der schweren Arbeit, die mir bevorsteht.“

„Um was handelt es sich denn?“, fragte Großmama besorgt.

„Ich muss zugegen sein, wenn meine toten Ponys von Chincoteague abgeholt werden und auch die von Assateague.“

„Oh! Oh! Wie entsetzlich! Aber sie sagen doch, dass die Frauen noch nicht gehen dürften – unter gar keinen Umständen.“

„Ich weiß, dass sie es sagen.“ Großpapa kniff die Augen geheimnisvoll zu. „Aber ich bin der Meinung, dass der liebe Gott denen hilft, die sich selber helfen!“

Großmama sah ihn fragend an.

„Idy, wie fändest du es, wenn –“

„Wenn was?“

Großpapa tunkte ein Stück Brot in die Tomatensuppe und aß es langsam auf. Dann flüsterte er ihr ins Ohr: „Möchtest du mit Maureen nach Hause zurückgeschmuggelt werden? Jetzt gleich?“

Großmama strahlte. „Ist das dein Ernst?“

„Ich meine es so ernst wie eine Kuh, wenn sie Milch gibt.“

„Ich fühle mich ordentlich verjüngt und wüsste nicht, was ich lieber täte!"
„Wirklich?"
„Ganz bestimmt!"
„Auch, wenn du dich hinten in einem Lastauto unter einem Heubündel verstecken müsstest, zusammen mit den Ziegen?"
„Auch dann!"
Großmama stand eilig vom Tisch auf und gab Paul und Maureen einen Wink, ihr zu folgen. „Bitte, stellt keine Fragen, sondern zieht eure Jacken an und kommt mit. Die Wolldecken lasst auf den Feldbetten liegen."
Die Leute nebenan sahen überrascht auf, als die Familie Beebe die Mäntel anzog. „Mein Mann hat auf dem Lastauto ein paar Ziegen, die er uns zeigen möchte."
„Aber es regnet doch, Mrs Beebe!"
„Das weiß ich, deshalb ziehen wir uns warm an."
Großmama wurde rot. „Sehen Sie, mein Mann benimmt sich wie ein kleiner Junge! Jedes Mal, wenn er ein neues Tier gekauft hat, muss er es uns zeigen!"

16 Willkommen daheim, Tausendsassa

Der Abend war dunkel und der Himmel verhangen; man sah weder Mond noch Sterne, nirgendwo einen Lichtschimmer. Ein feiner Regen hüllte den Parkplatz ein. Mit einem kräftigen Schubs half Großpapa Großmama hinten auf den Lastwagen. „Es ist leichter, Misty hinaufzuwuchten!“, keuchte er.

Großmama war viel zu aufgeregt, um darauf eine Antwort zu geben. Im Dunkel tastete sie sich nach vorn, schob die Ziegen zur Seite, nahm das Tuch vom Kopf und setzte sich darauf. Dann faltete sie für Maureen ein sauberes Taschentuch auseinander, aber Maureen beachtete es nicht, denn sie war ganz und gar in Gedanken an das weiße Zicklein versunken.

Der Motor dröhnte in der stillen Nacht, während das Auto auf die Landstraße zufuhr. Erst hier schüttete Großpapa etwas Sand hinunter, um bremsen zu können, schaltete die Lichter aus und hielt an. Er und Paul sprangen ab und liefen nach hinten. Schnell lockerten sie das Heubündel und streuten es über den blinden Passagieren hinten im Auto aus. Maureen musste niesen.

„Das Heu ist voll Staub!“, sagte Paul.

„Das hat Buck Jackson genau gewusst“, schnaubte Großpapa, „kein Wunder, dass er es abgegeben hat. Solltet ihr aber die Absicht haben, weiterzuniesen, dann sage ich euch, das geht nicht! Wenn es euch in der Nase kitzelt, dann haltet sie mit den Fingern zu, damit ihr das Niesen unterdrückt."

Bevor Paul und Großpapa wieder in das Auto kletterten, spähten sie vorsichtig umher. Niemand war in Sicht. „Ich komme mir vor wie die Schmuggler in Berlin", sagte Paul, „die heimlich Flüchtlinge nach Westdeutschland gebracht haben."

Die Fahrt nach Chincoteague dauerte nur eine halbe Stunde, aber ohne das gewohnte Singen und Lachen schien es ihnen länger als ein halber Tag zu sein. In tiefstem Schweigen fuhren sie an der Rabbit Gnaw Straße vorbei und durch Horntown und über die Salzflächen, die zum Deich führten.

Am Ende des Deiches sahen sie im Licht der Scheinwerfer ein befehlsmäßiges Wachhaus. Ein bewaffneter Soldat trat heraus und hielt sie an. Er leuchtete mit seiner Taschenlampe in das Führerhaus. „Hei, Mr Beebe!", sagte er lächelnd, als er ihn erkannte. „Hei, Paul, wie geht es Misty?"

„Es geht ihr noch gut", antwortete Paul.

Der Wachmann löschte die Taschenlampe und lehnte sich mit einem Arm auf die Fensterbank. „Eine merkwürdige Sache", sagte er. „Über das Telefon kommen dauernd Anrufe aus allen Teilen des Landes. Meistens sind es Kinder, die sich aber nicht nach Leuten erkundigen, sondern nach den Ponys. Ganz besonders ist es natürlich Misty, um die sie am meisten Sorge haben."

„So geht es mir auch!", sagte Paul.

Trotz des Regens fuhr der Wachmann fort: „Nebenbei gesagt, wie geht es den anderen in Wallops?"

Großpapa räusperte sich. „Sie sehnen sich alle nach Hause zurück."

„Nun, es wird nicht mehr lange dauern. Der Bürgermeister hat Verbindung mit Washington erhalten. Morgen schicken sie vier große Hubschrauber, um Ihnen und Tom beim Verladen der toten Ponys zu helfen." Auf seinem Inspektionsgang kam er zur Rückseite des Autos und blickte hinein. „Blinde Passagiere?", fragte er scherzend.

Großpapa ging auf den Ton ein. „Natürlich, wir haben zwei!" – Endloses Schweigen! – Dann schallte das Gelächter des Soldaten in die Nacht hinaus. „Hahaha! Ich will einen Schnurrbart wie ein Ziegenbock haben, wenn ihr da drinnen nicht eine Milchziege und ein Zicklein habt! Was wird Ihre Frau dazu sagen?"

„Ich glaube, dass sie sehr bald zu tun haben wird", meinte Großpapa kichernd.

„Wieso? Was soll das heißen?"

Plötzlich bekam Großpapa Angst. Der kalte Schweiß brach ihm aus. Er löschte das Windlicht, sodass sein Gesicht im Dunkel lag. Er konnte kein Wort herausbringen.

Paul kam zu Hilfe: „Wir haben die Ziegen für Mistys Fohlen gekauft, zusätzliche Nahrung, wissen Sie."

Die Wache knipste die Taschenlampe aus und zwickte Paul am Ohrläppchen. „Ihr habt da einen prächtigen Jungen, Mr Beebe. Gute Nacht, Leute, ihr könnt weiterfahren."

Das Haus war feucht und kalt, es roch nach Fisch, und der kleine Teppich mit den Rosen war durchnässt wie ein Schwamm. Aber sie waren daheim! Und Wait-a-Minute begrüßte sie mit stürmischer Freude, schlug Purzelbäume und gebärdete sich, umherspringend, wie ein tanzender Derwisch.

„Man geht auf dem Fußboden wie auf Leim", sagte Großmama, „aber wie verkommen es auch überall sein mag, es geht doch nichts über unsere Pony-Farm!"

Maureen stimmte ihr freudig zu und meinte dann ruhig: „Sogar ohne Ponys!"

„Du vergisst", verbesserte Paul sie, „dass Watch Eyes und Billy Blaze noch da sind und die Stuten im Heuschober."

„Und", meinte Großpapa und versuchte zu lächeln: „Wings' Herde auf Toms Hof! Und mit Misty, die ein Fohlen erwartet, den zwei Ziegen und fünf Katzen müssen wir wieder von vorn anfangen."

Bevor sie zu Bett gehen konnten, gab es noch eine Menge zu tun. Die Ponys im Heuschober mussten gefüttert und getränkt, die Milchziege und ihr Junges versorgt und Holz zum Feuermachen geholt werden. Und obwohl es schon spät war, schrubbte Großmama auf Knien und Händen den Fußboden tüchtig mit Seifenlauge.

Sie war fast fertig, als Maureen mit verschmutzten Schuhen strahlend durch die Hintertür hereinkam. „Rate mal, was ich hier habe, Großmama!"

„Was denn?", fragte Großmama, ohne aufzublicken. Mit

zusammengekniffenen Lippen schob sie vorsichtig den Korb mit den Kätzchen wieder unter den Herd. „Nun, welche Überraschung hast du denn?“

„Fass mal in meine Tasche!“

„Etwa Mäuse?“

„Nein, Großmama, rate doch mal!“

Großmama wischte die Hände an der Schürze ab und fasste mit spitzen Fingern in Maureens Tasche. Sie fühlte etwas Glattes, Rundes. Lächelnd griff sie tiefer hinein und holte zwei kleine braun gefleckte Eier heraus.

„Und hier sind noch zwei in meiner anderen Tasche! Ich habe sie ganz oben in Mistys Krippe gefunden.“

Großpapa und Paul kamen durch die Hintertür gestapft und brachten Arme voll Brennholz. „Was gibt es zu essen?“, rief Großpapa. „Ich habe solchen Hunger, dass ich einen Walfisch vertilgen könnte!“

Großmama schüttelte den Kopf. „Das Brot ist schimmlig, die Milch sauer. Das Einzige, was wir haben, sind vier winzig kleine Eier!“

„Aber sie sind gut!“, sagte Maureen beleidigt.

„Sicher, mein Liebling!“ Großmama legte die Eier auf den Tisch. „Paul, du hast deine Stiefel noch nicht ausgezogen. Lauf hinüber zum Räucherhaus und hole ein Stück Schinken. Dann haben wir jeder ein kleines Spiegelei und dazu reichlich gebratenen Schinken. Ich stelle den Kessel aufs Feuer, und ihr werdet sehen, wie gemütlich wir es haben.“

Als Paul gegangen war, wandte sich Großmama an Maureen und Großpapa. „Ihr beide könnt das Geschirr abwaschen, damit man es wieder erkennen kann. Und tut um

Himmels willen genug von der Seifenlauge ins Wasser! Am liebsten würde ich mir die Nase mit einer Wäscheklammer zuhalten, wenn ich durch das Haus gehe."

Großpapa grinste breit. „Nun höre sich das einer an! Das will eine Seemannstochter sein und beklagt sich über das bisschen stinkige Wasser!"

Plötzlich hielt Maureen den Finger vor den Mund. „Sch! Sch! Horcht mal!"

Schwach und aus weiter Ferne – wie in einem Traum – ertönte ein Laut – wie das Bellen eines Hundes. – Dann war es wieder still. Die drei standen da – warteten – lauschten. Eine Zeit lang hörten sie nichts, nur das Ticken der Uhr und das Knacken der Holzscheite im Herd. Doch jetzt! Da war es wieder, dieses Mal lauter, ganz nah jetzt! Ein kurzes, raues Bellen, dann dreimal kurz gejapst, vertraute, geliebte Töne!

Mit einem Satz war Großpapa an der Tür! Er riss sie weit auf, und wie der Blitz raste das „Etwas" mit seinem golden schimmernden Fell ins Zimmer, rutschte aus auf dem feuchten Fußboden und in Maureens Arme!

„Skipper! Skipper!", schrie sie, ihn leidenschaftlich und wild an sich drückend.

Großpapa und Großmama schienen ganz vergessen zu haben, dass sie schon alte Leute waren. Sie wehrten Skipper nicht ab, als er an ihnen hochsprang und ihnen die Vorderpfoten auf die Schultern legte.

Alle schrien, lachten und redeten durcheinander. „Wo bist du gewesen, Bürschchen?"

„Ich glaubte ganz bestimmt, du seist ertrunken!"

„Und ich, du hättest in der Falle einer Bisamratte gesessen!“
„Oh, du bist stark wie ein Tiger!“
„Und dein Fell ist so glänzend!“
Dann kam Paul und strahlte übers ganze Gesicht. „Fett und blank muss er aussehen; denn er hat sich die ganze Zeit im Räucherhaus aufgehalten zwischen Speckseiten und Schinken!“
Großmama musste sich vor Lachen die Tränen abwischen. „Hinter geräucherten Schinken ist er schon immer her gewesen!“, sagte sie.
Maureen drückte die Nase in sein Fell. „Er riecht auch ganz nach Räucherstube!“, sagte sie. „Erinnerst du dich, Paul? Du musstest doch zuletzt noch den Schinken aus dem Rauch holen!“
Großpapa ging zum Spülstein und steckte das Gesicht ins Waschbecken. Dabei prustete er wie ein Walross und rief: „Skipper ist ein Tausendsassa!“
„Was ist denn das?“, wollten Maureen und Paul wissen. Großpapa zupfte an seinem Bart und überlegte. „Es ist ein ganz alter Ausdruck und bedeutet – nun – der Sinn ist folgender: Es gibt Leute, die schaffen es, auch in schlechten Zeiten mit dem Leben fertig zu werden.“ Dann formte er seine Hände zum Sprachrohr und rief: „Willkommen daheim, Tausendsassa!“

17 Sägemehl und Trauer

Sonnabend! Neue Kurzmeldungen aus aller Welt kamen wie Flakfeuer: Indien ist zu einer Aussprache mit Pakistan bereit – Russland bezichtigt die Vereinigten Staaten von Amerika der Kriegstreiberei – Jordanien und Israel liegen sich wegen des Jordanwassers in den Haaren – Englands Königin Elizabeth und Prinz Philipp kehren im Triumph aus Neuseeland zurück.

Der Ansager machte eine Pause, als ob diese Berichte aus der ganzen Welt nur ein Vorspiel wären zu wirklichen Neuigkeiten. Seine Stimme klang jetzt nachbarlich und besorgt. „Und hier bei uns hat die kleine überflutete Insel Chincoteague die Anteilnahme der ganzen Welt. Die Inselbewohner, die ihren Lebensunterhalt durch Hühnerzucht, Fischfang und Aufzucht von Ponys bestreiten, haben in allen Bereichen einen schweren Schlag erlitten. Ihre Austernbänke sind zerstört worden, ihre Hühner ertrunken. Und der heutige Bericht verkündet, dass nur ein Rest der Wildpferde auf Assateague die Katastrophe überlebt hat. Es sind die Pferde, die Chincoteague berühmt gemacht haben; durch die alljährlichen Festlichkeiten beim Wildpferdefang wurden Tausende von Besuchern angelockt. Man wird kaum abschätzen können, wie sehr sich dieser Verlust auf den Tourismus auswirken wird.

Die Leute von Chincoteague jedoch beweisen unverwüstlichen Mut. Mit Raupenschleppern und Schaufeln schaffen

sie Tonnen von Sand von den Straßen und Plätzen und aus den Kellern zurück ins Meer. Andere Aufräumungstrupps häufen Schutt und Geröll auf.
Oh! – Noch etwas Neues! Soeben werden zwei Nachrichten überbracht. Misty, das Pony aus dem Film, ist von ihrem Besitzer aus dessen Küche in das Tierhospital nach Pocomoke in Maryland gebracht worden, wo sie jeden Augenblick ein Fohlen werfen kann.
Die andere Nachricht besagt, dass zu dieser Stunde Hubschrauber der zweiten Armee von Fort Belvoir starten, um die toten Ponys von Chincoteague und Assateague fortzuschaffen."

Auf der Pony-Farm stellte Großpapa das Radio ab. „Ich muss sofort gehen", sagte er entschlossen. „So lautet für mich der Befehl." Er küsste mit ernster Miene seine Familie zum Abschied, als ob er auf eine lange Reise ginge, von der er nie zurückkehren würde.
„Nein, mein Sohn!" Er schüttelte den Kopf, als er Pauls fragendem Blick begegnete. „Nein, du bist hier unentbehrlich, um Mistys Stall in Ordnung zu bringen. Es muss doch einer alles vorbereiten für die Heimkehr. Außerdem können Großmama und Maureen den nassen Teppich nicht allein auf die Leine hängen. Dazu müssen sie einen kräftigen Mann haben."
„Aber willst du die toten Pon – ?"
Großpapa schnitt ihm mit energischem Blick das Wort ab, und in seinen Augen konnte man lesen: „Je weniger Worte

darüber, desto besser!“ Dann sagte er: „In jedem Hubschrauber befinden sich vier kräftige Soldaten, außerdem sind Tom Reed und Henry Leonard da, die mir helfen können.“

Paul und Maureen waren schon bald so sehr in die Vorbereitungen für Mistys Heimkehr vertieft, dass sie Großpapa vergaßen. Jeden Augenblick konnte ein Ferngespräch aus Pocomoke kommen und große Neuigkeiten bringen. Und wenn sie kamen, dann musste das in Ordnung gebrachte Hühnerhaus trocken, behaglich und für alle Fälle gerüstet sein.

Der Tag war mit fieberhafter Geschäftigkeit ausgefüllt. Zuerst nahmen sie mit Feuereifer das schwere, nasse Stroh in Angriff. Sie waren daran gewöhnt, jeden Morgen vor dem Frühstück Mistys Stall zu säubern. Das dauerte nur ein paar Minuten, höchstens fünfzehn! Aber jetzt war die Streu durch Klumpen von Seetang schleimig wie Hafersuppe und schwer wie Blei geworden. Mit Forke und Schaufel gabelten sie eine Stunde lang das Heu auf und warfen es auf die Schubkarre; aber jede volle Karre schien schwerer zu sein als die vorige, und schließlich waren sie gezwungen, jeder einen Griff anzufassen, um sie voranzuschieben und den Mist in den Wald zu schütten.

Skipper fand eine alte, schlechte Kartoffel und hätte gern mit Paul und Maureen Ball gespielt, aber sie hatten zu viel zu tun und waren auch zu müde.

Gegen Mittag hatten sie den Boden der Scheune von der

nassen Spreu gereinigt, und was übrig blieb, war eine zähe, schlammige Schicht.

Maureen lehnte an der Wand und wischte sich mit dem Arm den Schweiß vom Gesicht. „Das bekommen wir niemals trocken!“, sagte sie und brach in Tränen aus.

Paul war ebenso mutlos geworden und fühlte sich am ganzen Körper wie zerschlagen. „Was wir gebrauchen könnten“, brummte er, „wären Berge von trockenem Staub! Aber woher nehmen?“ Plötzlich hellte sich sein Gesicht auf, und er rief: „Sägemehl, natürlich, das ist es, was wir haben müssen!“ Er rannte auf die Straße und rief zurück: „Warte! Ich werde mit Mr Hancock sprechen.“

Mr Hancock war ein alter Freund von ihnen. Er war Holzschnitzer und hatte Paul und Maureen Arbeit verschafft, als sie Geld verdienen mussten, um Misty kaufen zu können. Oft hatten sie für fünfzig Cents die Werkstatt von Sägemehl und Hobelspänen gesäubert.

Als Maureen schließlich aufhörte zu weinen und ihre Tränen trocknete, fuhren Paul und Mr Hancock schon mit dem neu angestrichenen Lastauto auf den Hof. Erstaunt sah sie zu, wie die beiden Scheffel auf Scheffel Sägemehl vor der Stalltür abluden.

„Das ist noch lange nicht genug“, sagte Mr Hancock, während er half, das gelbe Sägemehl auf dem Boden zu verteilen, das in Sekundenschnelle schwarz und feucht wurde. „Ich will euch etwas sagen“, er blickte in Maureens tränenüberströmtes Gesicht, „es ist Mittagszeit, und wir alle müssen erst einmal essen. Während dieser Zeit hat das Sägemehl die ganze Feuchtigkeit aufgesogen. Danach müssen wir es wieder fortschaffen, und ich bringe euch frisches Sägemehl und noch Hobelspäne obendrein! Wie gut, dass ich sie oben auf meinem Scheunenboden trocken aufbewahrt habe."

Paul trug die leeren Behälter in Mr Hancocks Auto. Danach schleppten sie sich müde nach Hause, während Maureen kaum ihre Tränen zurückhalten konnte.

„Sieh mal, dort drüben!" Paul zeigte auf die Veranda, wo Großmama die Ziege molk, die sie am Treppengeländer festgebunden hatte.

„Sch! Sch!", warnte Großmama, als die Kinder näher kamen. „Erschreckt sie nicht. Es ist nicht leicht, sie zu melken, aber ich habe immerhin so viel Milch, dass ich uns einen großen Topf Kakao kochen kann."

Während sie zu Mittag aßen, bemühte sich Großmama, sie durch pausenloses Reden aufzumuntern. „Kinder", sagte sie strahlend, „eine Milchziege ist genau das, was wir brauchen, wenn nicht für Misty, dann umso mehr für uns! Schmeckt der Kakao nicht köstlich?"

Paul und Maureen nickten, sie waren zu müde zum Sprechen. „Jeder kann zwei Tassen trinken und dazu so viel Kekse mit Stachelbeermarmelade essen, wie er mag. Ich könnte mir denken, wenn das die hungernden Menschen der Welt sähen, würden sie glauben, wir feierten Erntedankfest! Meint ihr nicht auch?"

„Ja, Großmama."

„Und weil ihr noch so viel Arbeit mit Mistys Stall habt,

braucht ihr heute meinen Teppich noch nicht auf die Leine zu hängen. Ich habe alle Fenster aufgemacht, und es weht ein frischer Luftzug durch das Haus."
„Vielen Dank, Großmama."
„Nun lasst den Kopf nicht hängen. Heute Nachmittag wird es besser. Das Leben ist ein ewiges Hin und Her! Himmelhoch jauchzend, zu Tode betrübt! Ihr werdet sehen, bald wendet sich alles zum Besten."

Wie recht hatte Großmama! Als das feuchte Sägemehl herausgeschaufelt war, kam Mr Hancock mit einem kleinen Anhänger, den er an sein Auto gekoppelt hatte.
„Ich habe eine große Überraschung für euch", sagte er lachend. „Im Vorüberfahren sah ich, wie die Arbeiter zerstoßene Austernschalen auf die Straße schütteten, und bat sie, meinen Anhänger bis obenhin damit voll zu laden. Wenn wir die Schalen zuunterst werfen und obenauf die Hobelspäne, dann werdet ihr den trockensten Stall bekommen, den es außer dem des Tierarztes Dr. Finney gibt."
Der Rest des Nachmittags flog nur so dahin im Eifer der Arbeit.
Maureen harkte die Fläche glatt. Dann folgten Hobelspäne und Sägemehl, Schicht auf Schicht, und zuletzt holten sie einen Ballen Stroh, das sie Halm für Halm in kurze Stücke schnitten.
„Warum schütteln wir das Stroh nicht einfach auseinander?", fragte Maureen. „Mir tun die Finger weh! Warum müssen wir es denn durchschneiden?"

„Möchtest du denn, dass seine dünnen Beine sich verheddern und er umfällt?“

„Natürlich nicht! Wenn du mir erklärst, warum, dann tue ich es selbstverständlich. Aber woher willst du wissen, dass das Fohlen ein ‚er‘ sein wird?“

„Natürlich weiß ich es nicht, aber man spricht doch immer von einem ‚er‘, wenn man es noch nicht weiß.“

„Gut, dann sage ich aber ‚sie‘!“

Als alles fertig war, ließ sich Paul ins Stroh fallen und blieb eine Weile still liegen.

„Bist du krank?“, fragte Maureen erschrocken.

„Nein!“

„Aber warum liegst du denn da?“

„Ich tue so, als ob ich das junge Fohlen wäre, und probiere aus, ob es irgendwo zieht. Dr. Finney sagt immer, dass junge Tiere keinen Zug vertragen.“

„Hu! Ich spüre, wie der Wind von der Seite hereinbläst und mir das Haar durcheinander weht.“

„Das lässt sich leicht abstellen.“

Paul stand auf und füllte alle Ritzen mit Stroh und Lehm aus. Inzwischen streifte Maureen ein paar Tannenzweige ab und streute die Nadeln, die einen feinen Duft verbreiteten, umher.

Maureen rief Großmama, damit sie herauskäme und alles in Augenschein nähme. „Das musst du sehen, Großmama. Es ist wirklich großartig geworden, und Misty wird die glücklichste Mutter auf der ganzen Welt werden!“

Großmutter wickelte den Wollschal fest um den Hals und kam in den warmen Stall. Sie war begeistert! „Ich kann nur sagen, dass ich selber hier wohnen möchte. Wartet nur, bis Großpapa es sieht. Wahrscheinlich führt er dann hier einen Freudentanz auf."

Aber an diesem Abend war Großpapa nicht in der Stimmung, nach Mistys Stall zu sehen. Es war schon dunkel, als er nach Hause kam. Ohne ein Wort zu sprechen, ging er auf den Küchentisch zu und ließ sich schwerfällig auf einen Stuhl fallen. Sein Gesicht war wie versteinert, grau und verfallen und alt. Ohne den Rock auszuziehen, saß er da mit gefalteten Händen und stierte auf den Fußboden.

Die emsig tickende Uhr kümmerte sich nicht um Schmerz und Kummer. Jeder Pendelschlag klang wie ein Herzschlag, und die Sekunden und Minuten tickten weiter, immer weiter. Paul und Maureen saßen mucksmäuschenstill, sagten nichts, taten nichts, warteten.

„Euer Großpapa hat einen schweren Tag hinter sich", sagte Großmama schließlich leise. „Er ist vollständig erledigt, und das Beste ist, ihn in Ruhe zu lassen."

Es war, als ob die leisen Worte einen Damm gebrochen hätten! Der alte Mann verbarg sein Gesicht auf den Armen und weinte.

„Schäme dich deiner Tränen nicht, Clarence, lass sie rinnen, wenn es dich erleichtert." Großmama legte ihre Hand auf die knochigen, lehmüberkrusteten Hände Großpapas. Weder Paul noch Maureen sprachen ein Wort. Sie waren zu verstört. Stumm sahen sie zu, wie seine Schultern zuckten und wie Großpapa, der ihnen immer so stark und unerschütterlich erschienen war, nun plötzlich alt und schwach zu sein schien. Als sein Schluchzen nachließ, wischte er sich die Augen und hob langsam den Kopf. „Ich kann einfach mit niemandem sprechen“, sagte er so leise, dass es kaum zu verstehen war.

„Oh, Großpapa! Oh, Großpapa!“, rief Maureen aus. „Deine Stimme! Sie ist fort! Du kannst nicht mehr bollern!“ Und sie lief auf ihn zu, umarmte ihn und fing bitterlich an zu weinen.

„Sei ruhig, mein Kind. Weine nicht auch noch. Ich schäme mich, dass ich so niedergeschmettert bin, da wir doch im Grunde viel glücklicher daran sind als die meisten von uns.“ Er versuchte zu lächeln. „Wir haben unser Haus behalten und sind zusammen und –“

„Und Misty“, sagte Paul ernst.

„Ja, und Misty!“ Großpapa nickte. „Es ist nur –“ Er räusperte sich heftig und umklammerte die Tischkante so fest, dass seine Knöchel weiß durch die schmutzige Haut schimmerten. „Es ist nur, dass –“, wiederholte er, „dass ich mein Lebtag das langsame Knirschen des Krans im Ohr haben werde, mit dem die toten Ponys nach oben gezogen wurden. Dabei schaukelten ihre Beine hin und her, als wären sie lebendig und wollten ausschlagen!“ Seine Worte überstürzten sich wie Flutwellen, die nicht einzudämmen sind. „Und manche hatten den weißen Stern auf der Stirn, andere scheckige Mähnen und Schweife, und wieder andere waren so hübsch gezeichnet, aber die meisten Stuten trugen ein Fohlen!“ Seine Stimme brach. „Ich kannte sie alle mit Namen!“

„Wie viele Ponys waren es im Ganzen, Clarence? Deine und die übrigen meine ich."

Großpapa atmete schnell, als ob er noch mitten in der Arbeit steckte. „Wir haben mehr heraufgeholt, als wir zu zählen imstande waren", sagte er, „dazu gerechnet die wilden Ponys von Assateague. Und als alle Flugzeuge mit ihrer toten Fracht in Reih und Glied standen, nahmen wir unsere Hüte ab, und die Soldaten und wir alle aus Chincoteague sahen einander ähnlich mit den sonnenverbrannten Gesichtern und weißen Stirnen. Und wir waren alle gleich in unserer gemeinsamen Trauer um die wilden, freien Tiere."

Die vier in der kleinen Küche seufzten tief.

Dann stand Großpapa auf und nahm Großmama in die Arme. „Nun verstehst du, weshalb ich dich hierher nach Hause schmuggeln musste. Ich brauche dich, damit du mich trösten kannst."

Großmama setzte ihre Brille ab und putzte sie mit ihrer Schürze. „Sie ist ganz beschlagen –", meinte sie.

Großpapa musste noch etwas hinzufügen. „Es ist das erste Mal in meinem Leben gewesen, dass ich mir gewünscht habe, anstatt eines Pferdezüchters ein Fischer zu sein! Gehen die Austern zugrunde, dann werden neue gesetzt, und treiben Boote ab, dann baut man neue. Aber wenn Ponys eingehen – wie soll man die ersetzen!"

18 In Mistys Box

Am selben Tag, als Großpapa beim Verladen der toten Ponys in die Flugzeuge half und Maureen und Paul Mistys Stall in Ordnung brachten, fühlte sich Misty seltsam unglücklich.

Sie hatte frische Streu in einem warmen Stall und brauchte nicht einsam zu sein, da sie immer Gesellschaft hatte. Selbst wenn sie versuchte, sich mit dem Huf hinterm Ohr zu kratzen, ließ der kleine David nicht nach, sie zu kraulen. Wenn sie Heu fressen wollte, zog er eine tüchtige Hand voll aus der Krippe, reichte sie ihr hin und sah sie dabei freundlich an. Wenn sie sich hinlegen wollte, machte er ihr das Lager so bequem wie nur möglich.

Und dauernd kamen Zeitungsreporter und machten Aufnahmen von ihr: innerhalb ihrer Box und außerhalb, mit David und ohne David.

Der eine machte gerade eine Aufnahme, als Misty nach der Pferdeschwanzfrisur einer Journalistin schnappte! Es wurde viel gelacht, und ständig zog ein Strom von Besuchern vorüber.

Aber trotz aller Aufmerksamkeit, die man ihr zollte, war Misty unzufrieden und wurde von Heimweh geplagt. Sie war an den Schrei der Möwen gewöhnt, an den salzigen Geschmack der Meeresluft, den ewigen Rhythmus von Ebbe und Flut. Und sie war es gewohnt, aus ihrem Stall hinauszugehen und wieder hinein, hin zu dem alten Wasch-

trog, der ihr als Tränke diente. Aber hier wurde ihr alles gebracht!
Sie warf den Kopf nervös hin und her und stampfte ungeduldig. Dann wieherte sie laut vor Unbehagen, was David und Dr. Finney veranlasste, schnell herbeizueilen. Aber es gelang ihnen nicht, sie zu beruhigen. Sie prustete ihnen mitten ins Gesicht, als wollte sie sagen: „Geht nur! Ich sehne mich nach meinem Zuhause, nach meinen Kindern und meinem Marschgras!"
Während der ganzen Zeit gab es hier nur ein einziges Wesen, das ihren Zustand zu verstehen schien. Es war Trineda, die Traberstute nebenan. Die beiden Stuten knüpften freundschaftliche Beziehungen an, und wenn sie nicht durch Besucher abgelenkt wurden, besuchten sie sich oft. Wenn Misty auf und ab ging, bewegte sich Trineda an der Längsseite ihrer Box und stieß sanfte, schnaubende Töne aus. Ein Zeitungsreporter nannte Trineda „Mistys Hofdame" und machte von beiden, als sie Seite an Seite standen, eine Aufnahme.
Wenn es Nacht wurde, ließ man Trineda auf die Weide hinaus, und dann konnte Misty die plötzliche Einsamkeit kaum ertragen. Sie scheute vor unheimlichen Schatten, die im Stall geisterten. Und sie glaubte gespensterhafte, raschelnde Laute zu hören. Von Angst gepeinigt, fing sie von neuem an, auf und ab zu wandern, und ahnte nicht, dass die Schatten von einer flackernden Laterne kamen, die der Wind bewegte, ahnte nicht, dass das raschelnde Geräusch von Dr. Finney herrührte, der auf Zehenspitzen in die Box nebenan ging, um vorsichtig seine Tasche mit den Instru-

menten hinzustellen und dann heimlich seine Schlafmatratze auszubreiten.

Als schließlich alles ruhig war, legte sich Misty hin und versuchte es sich bequem zu machen. Aber nun fühlte sie sich noch unbehaglicher. Hastig stand sie wieder auf und versuchte im Stehen zu schlafen, ihr Gewicht von einem Bein auf das andere verlagernd.

Plötzlich hatte sie nur den einen Wunsch, hinauszulaufen, frei zu sein und mit hoch erhobenem Schweif nach Hause zu galoppieren! Sie wieherte laut vor Verzweiflung, keilte aus und scharrte auf dem Fußboden. Dann schlug sie mit den Hufen gegen die Tür.

Trineda eilte sofort herbei und wieherte vor Sorge. Sie wollte helfen und arbeitete am Torriegel, aber er hatte ein Vorhängeschloss. Sie steckte den Kopf in Mistys Box und legte den Kopf auf ihre Schulter, als wollte sie sagen: „Na, na! Na, na! Es wird bald vorüber sein!“

Dr. Finney beobachtete verwundert, wie schnell diese vierbeinige Krankenschwester ihre Patientin beruhigte. „Es wird wahrscheinlich noch eine ganze Weile dauern“, sagte er sich. „Bestimmt wird sie im Dunkel der Nacht fohlen. Es ist besser, ich schlafe jetzt, solange es noch geht.“ Er wusste, dass manche seiner Freunde ihn in dieser Nacht bedauerten und über das harte Leben eines Tierarztes den Kopf schüttelten. Aber in diesem Augenblick hätte er um nichts in der Welt einen anderen Beruf haben mögen! Jede Geburt erschien ihm wie ein neues Wunder.

Zufrieden seufzend, kroch er in seinen Schlafsack und machte sich auf ein langes Warten gefasst. Sekunden – Minuten – Stunden zogen sich hin. Er wurde schläfrig und duselte ein, wachte auf, um nach Misty zu sehen, und duselte von neuem ein. Gegen Morgen wurde sein Schlaf unruhig, und er träumte, dass Misty ein Baum wäre, an dem eine reife Frucht hinge, nur eine einzige goldgelbe Birne! Und er träumte, dass der Stiel dieser Frucht einschrumpfte und dass jetzt der Augenblick der völligen Reife da wäre!

Ein Lichtstrahl von Nordosten ließ ihn hellwach werden. Er schielte durch die Seitenwand und sah Misty auf ihrem Lager. Und er sah, wie winzige Vorderhufe durch die seidige Geburtshülle hindurchbrachen und der Kopf auf ihnen ruhte. Dann folgte schnell der schlanke Körper mit den noch anliegenden Hinterbeinen.

Er war starr vor Staunen über das kleine Fohlen, das da wohlgeformt und gesund im Stroh lag. Es tat einen tiefen Atemzug, und dann hoben und senkten sich die Flanken – regelmäßig – wie das Ticken einer Uhr.

Aufgeschreckt durch das laute Atmen, sprang Misty auf und drehte sich um nach dem neuen, kleinen Wesen, und dabei riss das Band, das sie noch zusammenhielt. Ohne sich zu rühren, beobachtete sie, wie die dünnen Beine versuchten, sich im Stroh hochzurappeln. Ihr Fohlenkind bemühte sich, aufzustehen! Und nun war es fast so weit, dass es stand!

Sogleich regten sich in Misty mütterliche Gefühle. Sie beschnupperte das feuchte zitternde Ding, und ihr Instinkt sagte ihr, dass sie es vor Erkältung schützen müsse. Zuerst ganz vorsichtig, fing sie an, es mit der Zunge trockenzulecken. Dann, als sie sicherer wurde, strich sie mit der Zunge in großen regelmäßigen Zügen: Lick! Lick! Immer stärker, energischer. Die Zeit verging, aber das Saubermachen und Striegeln wurde fortgesetzt.

Dr. Finney atmete erleichtert auf. Nun hatte sich das Wunder vollzogen, Misty hatte ihr Fohlen angenommen. Er stieg über die unbenutzte Instrumententasche hinweg und nahm eine Dose mit Salz und ein Handtuch.

Danach öffnete er Mistys Stalltür, sprach eine ganze Zeit lang leise auf sie ein und ging dann zu ihr hinein. „Du bist ein gutes Mädchen, Misty, komm her! So! Das hast du gut gemacht!“

Mit geübter Hand streute er Salz auf das Fell des Fohlens, und nun fing das Lecken von neuem an. „So ist es gut, Misty. Du versorgst dein Baby“, sagte er, „und ich reibe dich trocken. Dann bereite ich euch einen schönen, warmen Haferschleim. Ach, du bist ja nicht einmal in Schweiß gebadet, aber wir wollen trotzdem vorsichtig sein.“

Misty spürte Dr. Finneys Hände kaum. Sie schubste ihr Fohlen mit der Nase und trieb es an, wieder aufzustehen, damit sie es auch an der anderen Seite lecken konnte. Das kleine Wesen wollte gern stehen! Verzweifelt warf es die Vorderbeine vor. Sie knickten ein und bogen sich dann nach auswärts zu einem „V“ wie der Zirkel eines Schuljungen. Da! Nun stand es, hin und her schwankend, als ob der Wind es erfasst hätte!

Lächelnd hörte Dr. Finney auf, Misty abzureiben. Er sah, dass alles in bester Ordnung war. Nur ungern verließ er den

Stall. Ein paar Minuten später war er am Telefon. Der kleine David stand hinter ihm und lauschte verwundert, aber auch tief enttäuscht. Wie konnten die großen Leute so ruhig sein, als ob sie gerade einen Zaun ausgebessert oder Unkraut gejätet hätten! Er hätte am liebsten Rad und Purzelbaum geschlagen oder vor lauter Freude auf dem Kopf gestanden! Aber er hörte Vaters Stimme, ruhig und alltäglich.

„Ja, Paul, sie fohlte diese Nacht. Es ist ein Stutfohlen, kräftig und gesund! Ja, Misty bekommt warmen Haferschleim. Ich lasse ihn gerade abkühlen. – Nein, Paul, du brauchst die Ziegenamme nicht zu bringen. Misty ist eine gute Mutter. – Ich wüsste keinen Grund, warum nicht. Am Spätnachmittag jedenfalls."

Dr. Finney legte den Hörer auf die Gabel, streckte sich und gähnte.

Paul kam vom Telefon und ließ einen Siegesruf ertönen. Er griff nach Maureens Hand, und beide zogen Großpapa in die Mitte und tanzten mit ihm um den Küchentisch, warfen die Beine in die Luft und wieherten wie wilde Pferde. Es war eine kostenlose Vorstellung.

Großpapa war plötzlich wieder der Alte, bollerte und ging breitbeinig einher. Großmama lachte befreit. Sie ließ den Löffel in den Pfannkuchenteig fallen und eilte zum Harmonium. Achtlos warf sie den Deckel zurück, zog sämtliche Register, ließ die Akkorde brausen und sang aus vollem Hals:

„Glory! Glory! Halleluja!
Gerechtigkeit marschiert!"

Und rund um den Tisch marschierten die drei Beebes! Skipper stürzte ins Haus, lief mit herum und jaulte laut zur Musik. Schließlich musste Großpapa sich hinsetzen, während Paul und Maureen sich ganz erschöpft auf die Erde fallen ließen. Großmama hörte auf zu spielen und drehte sich strahlend vor Freude um.

19 Endlich wieder zu Hause

Überglücklich fingen die Beebes nun wie wahnsinnig an zu arbeiten.

Paul schüttete Haferflocken in Großmamas Kaffeeröster und mischte sie dann mit Leinsamen und Kleie, sodass die Mischung nur noch mit heißem Wasser verrührt zu werden brauchte, wenn Misty heimkehrte. Er füllte die Krippe mit duftendem Heu und wusch den Salzklumpen ab.

„Es würde mich nicht wundern, wenn du selber mit der Zunge das Salz sauber lecktest!“, sagte Großpapa lachend im Vorbeigehen, während eines der Kätzchen an seinem Hosenbein zerrte.

In der Küche nähte Maureen Bänder an ein altes Bettuch. „Für Frau Misty!“, sagte sie.

Großmama verschwand in ihrem Schlafzimmer und kam bald darauf mit einem Babytuch zurück. „Wenn wir es mit ein paar Sicherheitsnadeln unter seinem Bauch feststecken, hat es gerade die richtige Größe für Mistys Fohlen. Der weite Weg nach Hause ist doch zu zugig für ein Neugeborenes.“

Kurz nach dem Mittagessen winkten Großpapa, Paul und Maureen Großmama zum Abschied zu. Sie fuhren nach Pocomoke City, und zu ihrem Erstaunen war der zum Festland führende Damm durch eine lange Autoschlange verstopft, die in gleicher Richtung aus Maryland, Delaware und sogar aus Washington kam.

„Was bedeutet es wohl, dass sie heute alle nach Chincoteague wollen?“, fragte Paul und machte die Frühstücksdose auf.

„Die Leute sind merkwürdig“, meinte Großpapa. „Es gibt viele, die sich in ihrer Not zusammendrängen wie die Schafe im Stall. Aber so wahr ich Beebe heiße, kommen diese hier, um die Zerstörungen zu sehen und Fotos von den Booten zu machen, die die Sturmflut auf die Straßen geschleudert hat, oder von dem durchnässten Bettzeug, das in der Sonne trocknet. Ich sage, das sind neugierige Menschen!“

Ein Autobus aus Maryland hielt an. Die Bremsen quietschten, und kilometerlang hupten die Autos dahinter wie wild. Ein junger Mann mit rotem Haarschopf rief laut: „Wie kommen wir zur Farm von Beebes? Wir möchten Mistys Fohlen sehen!“

Großpapa hielt an und lachte schallend. „Die Neuigkeit hat sich also schon herumgesprochen?“, fragte er erstaunt.

„Jawohl, Sir, sie wurde im Radio durchgesagt, und da haben nun meine Kinder keine Ruhe gelassen.“

„Schön – aber sehen Sie, junger Mann, es tut mir Leid, Sie sind vergeblich gefahren, denn sie ist in Pocomoke City beim Tierarzt Dr. Finney.“ Und Großpapa fuhr kichernd weiter.

„Siehst du“, sagte Maureen, „es stimmt doch nicht, dass alle nur hierher kommen, um die Verwüstungen zu sehen!“

„Du hast Recht, Liebling. Wie gut, dass Großmama daheim

geblieben ist. Sie wäre außer sich gewesen, wenn sie mich hätte reden hören."

Als sie Dr. Finneys Haus erreichten, kam ihnen der Doktor, der sie schon von seinem Haus aus gesehen hatte, entgegen. Mit einem Lächeln des Willkommens schloss er das Tor auf, ließ Großpapa hereinfahren und längsseits des Pferchs parken. Dann zeigte er ihnen den Weg, ohne ein Wort zu sprechen. Stillschweigend gingen die drei Beebes einer nach dem anderen hinter ihm her wie Indianer auf dem Kriegspfad. Sie überquerten die Koppel, als ob es geheiligter Boden wäre. Noch immer schweigend, erreichten sie die Scheune. Und dann – nach diesem endlosen Warten – war der große Augenblick gekommen!

Unwillkürlich nahm Großpapa den Hut ab und schob ihn unter den Arm. Auf den Zehenspitzen stehend, blickten Paul und Maureen hinein; sie wagten kaum zu atmen. Sie waren so still wie nur eben möglich, um das Bild, das sich ihnen bot, nicht zu zerstören. Denn dort, ganz hinten im Stall – stand Misty! Sie schaute vollkommen ruhig zu ihnen herüber, als ob sie einer anderen Welt angehörten. Wie ein Vogel, der auf seinen Jungen sitzt, stand sie schützend über einem schmalen, kleinen, zottigen, dürren Fohlen. Im ersten Augenblick ängstigte sich das Kleine und lehnte sich zitternd an die Mutter, die es mit leisem Schnauben beruhigte. Dann suchte es zufrieden nach ihren Zitzen und fing an zu saugen.

„Wirklich! Das hätte ich nie für möglich gehalten!" Großpapa stieß einen Seufzer der Erleichterung aus. „Diese schmatzenden Laute klingen schöner als der Gesang eines ganzen Lerchenschwarmes!"

Maureen wischte sich eine Träne aus dem Auge. Wie konnte ein Tier, das noch so klein und zerbrechlich aussah, schon so viel Temperament haben! „Ach, ich komme mir vor, als wäre ich seine Großmama!", flüsterte sie scheu. „Und hat es nicht die längsten Augenwimpern und den lockigsten Schweif, den man sich denken kann!"

Paul sprach ebenfalls ganz leise. „Sieh mal die seltsame Zeichnung auf der Stirn – sie gleicht der Sichel des Neumondes. Oh, jetzt weiß ich es!", frohlockte er. „Das ist kein Wunder, denn es wurde zur Zeit des Neumondes geboren."

Großpapa staunte. „Ich habe noch nie ein ähnliches Zeichen bei einem Fohlen gesehen."

„Sie haben Recht", sagte Dr. Finney. „An der ganzen Ostküste gibt es nichts dergleichen!"

„Wahrscheinlich gibt es das nirgendwo auf der Welt!", meinte Paul.

Nachdem das Junge genug getrunken hatte, kam Misty, glücklich nickend, auf die Tür zu und beschnupperte Paul und Maureen abwechselnd.

„Sie lädt uns ein", sagte Paul.

Langsam, ruhig, damit sie das Kleine nicht erschreckten, gingen die Beebes in die Box, und mit zarten Fingern berührten sie die Stirnlocke, die eigentlich noch gar keine war. „Es steckt genügend Araberblut in ihm, das sieht man schon jetzt an der Schönheit der Kopfform", erklärte Großpapa anerkennend. „Und ist es nicht wunderschön gezeich-

net? Es hat nicht die weiße Landkarte auf der Schulter wie seine Mutter, aber vier weiße Fesseln!"
„Und sie ist ein Rotfuchs wie Wings!", sagte Maureen. Dr. Finney sah auf seine Uhr und dachte an die Telefongespräche, die er noch zu führen hatte.
Großpapa bemerkte es. „Würden Sie uns entschuldigen?", sagte er. „Es wird Zeit, dass wir uns auf den Weg machen. Haben Sie zum Schluss noch irgendwelche Verhaltensmaßregeln?"
„Fürs Erste", sagte Dr. Finney, „keine zu schwere Kost für Misty. Nichts schwer Verdauliches."
„Wie ist es mit Haferflocken, Kleie und Leinsamen?", fragte Paul und hoffte, das Richtige getroffen zu haben.
„Es gibt nichts Besseres, und ich brauche euch Kinder wohl nicht daran zu erinnern, dass das tägliche Ausmisten des Stalles eine Selbstverständlichkeit ist!"
Großpapa nickte zustimmend: „Das habe ich ja immer gesagt!", und zwinkerte ihnen zu.
„Schon jetzt ist ihr Stall der sauberste auf der ganzen Welt!", sagte Maureen stolz.
Mit ruhiger Gelassenheit legten Paul und Maureen Misty für den Heimweg die Wolldecke auf. Großpapa nahm das weiche Babytuch, das Großmama ihnen mitgegeben hatte, und wickelte das Fohlen hinein. Dann ging er in die Knie, hob es auf seine Arme und trug es hinaus, während Paul Misty am Zügel führte.
Als sie das Auto erreicht hatten, blieb Misty, stutzig geworden, stocksteif stehen. Es war klar, dass sie losschimpfte: „Ich gehe nicht in das Ding da hinein ohne mein Baby!"

Aber als sie merkte, dass das Fohlen sicher vorn im Auto untergebracht wurde, kletterte sie die Rampe hinauf, steckte den Kopf in die Öffnung und ging beruhigt hinein.

Auf dem Nachhauseweg fuhr Großpapa sehr vorsichtig und vermied Schlaglöcher und unebene Stellen. Er wollte das kleine Fohlen nicht durchschütteln. Während es schlafend auf Pauls und Maureens Schoß lag, hob und senkte sich das weiche Wolltuch, mit dem es zugedeckt war, bei jedem Atemzug.

Als sie auf den Dammweg kamen, schlichen sie nur so dahin. Da erkannte ein Autofahrer Misty und bremste so plötzlich, dass seine beiden Kinder fast durch die Windschutzscheibe geflogen wären. „Da ist sie!“, rief er. „He! Sir! Warten Sie!“

Großpapa hielt lächelnd an; er war mit sich und der Welt zufrieden.

„Wollen Sie eine Aufnahme machen?“, fragte er.

„Aber natürlich!“ Und nun hielten noch weitere Autos an, und Dutzende von Kindern sprangen heraus mit ebenso vielen Kameras! Der Verkehr stockte, während von allen Seiten geknipst wurde.

Nach einer Weile begann Misty zu stampfen und zu wiehern, denn sie spürte ein seltsames Verlangen, einen unwiderstehlichen Drang, nach Hause zu kommen.

„Lasst uns weiterfahren“, sagte Paul. „Misty fängt an, nervös zu werden.“

Großpapa machte Schluss mit dem Fotografieren und fuhr

weiter. Schließlich erreichten sie die Straße, die zu ihrer Pony-Farm führte, und bogen in den Hof ein.
Kaum war die hintere Klappe heruntergelassen, da ging Misty vorsichtig die Rampe hinunter, wie eine Fürstin, die in ihr Reich zurückkehrt.
Skipper begrüßte sie als Erster und sprang mit wilden Sätzen herbei, tänzelnd, sich überschlagend und vor lauter Freude bellend. Und draußen auf der Marschwiese hörten sie den triumphierenden Willkommensgruß des Hengstes Wings!
Großmama kam eilig aus dem Haus und rief: „Wo ist Mistys Fohlen? Wo ist es denn?"
Als Antwort hoben Paul und Maureen es vorsichtig aus dem Auto und stellten es neben seine Mutter. Es versuchte, einen kleinen Sprung zu machen, verlor das Gleichgewicht und fiel zu einem Häufchen zusammen. Aber es stand mutig wieder auf, ging steifbeinig auf die Mutter zu und fing durstig an zu trinken.
Als es satt war, blies es Blasen, und die Milchtropfen liefen an seinen Schnurrbarthaaren herunter.
Misty wieherte zufrieden. „Endlich daheim!", schien sie zu sagen. Und sie gab dem kleinen Hinterteil an ihrer Seite einen leichten Schubs, unendlich zärtlich und mütterlich.

20 Eine schwierige Entscheidung

An diesem Abend, während tiefer Frieden über der Pony-Farm lag, schrieb Maureen die Geburtsanzeigen, die sich auf dem Küchentisch stapelten. Sie war mit Paul allein, denn Großpapa nahm an einer Notsitzung des Verbandes für den Wildpferdefang teil, während Großmama zum Abendgottesdienst gegangen war.

„Du kannst nun das Datum einsetzen“, sagte Paul zu Maureen, „denn du schreibst besser als ich. Außerdem muss ich über etwas Wichtiges nachdenken.“

„Über was denn?“

Paul klappte sein Taschenmesser auf und schnitzte an einem Stück Holz. Dabei beobachtete er Maureen von der Seite, wie sie ihre Feder in das Tintenfass tunkte und dann nachdenklich in die Luft hielt.

„Das sage ich dir, Paul Beebe, du bist manchmal richtig gemein! Was überlegst du eigentlich?“

„Und was bist du für ein Mädchen!“, sagte Paul geringschätzig. „Ewig neugierig – und schnüffelst überall herum.“

„Also gut! Dann frage ich eben nicht mehr! Ich weiß es ohnehin!“

„Und was weißt du denn?“

„Du überlegst, welchen Namen Mistys Fohlen haben soll.“

„Also gut, es scheint, als hättest du, wie Großpapa das nennt: die richtige Weiberschläue! Und da du nun so genau weißt, was ich mir überlege, kannst du ja den Mund halten und weiterarbeiten."

„Sonntag, den 11. März, morgens um sechs Uhr", schrieb Maureen wieder und wieder, bis die Finger lahm waren. Schließlich bequemte sich Paul zu sprechen. „Man könnte drei verschiedene Dinge in Betracht ziehen: einmal den Namen nach dem Zeichen auf ihrer Stirn wählen –"

„Was meinst du, wenn wir sie Neumond nennen würden, Paul, oder Weißstrumpf?"

„Uh! Uh! Nein! Aber man könnte auch nach den Namen ihrer Ahnen gehen – wie – Misty Wings oder Pied Phantom."

In diesem Augenblick fuhr Großpapas Auto mit knirschenden Bremsen in den Hof. Er polterte ins Haus und schleuderte seinen Hut auf den Ständer.

„Und ich sage euch, der Wildpferdefang wird stattfinden – auch in diesem Jahr – wie immer!", brüllte er los. „Ha! Es ist das älteste Treiben in ganz Amerika, und es geht einfach nicht, dass wir die Leute enttäuschen, weil diese kleine Sturmflut gekommen ist. Bedenkt, wenn es Juli wird und damit die Zeit des Ponyfanges, dann beginnen die Leute, ihr Nachtzeug zu packen und sich auf den Weg nach Chincoteague zu machen, um ihren Kindern eine richtige Ferienfreude zu bereiten. Und nun fahren sie los, viele Kilometer weit, und wenn sie schließlich hier sind – keine Ferienfreude! – kein Ponyfang!", knurrte er. „Ich will das nicht hören! Ich denke –"

„Großpapa!", unterbrach ihn Paul, „wer hat denn gesagt, es gäbe keinen Wildpferdefang?"

„Nun, die Ausschüsse des Bürgermeisteramtes und der Feuerwehr, die behaupten, es seien nicht genügend Ponys auf Assateague am Leben geblieben, um das Treiben spannend zu machen. Auch sei kein Geld mehr in der Schatzkammer, um neue Ponys zu kaufen. Und was das Schlimmste ist“, stieß er hervor, „sie haben Recht! Aber das habe ich natürlich nicht zugegeben, denn ohne die Ponys ist diese Insel tot! Oder glaubt ihr, die Leute kämen nach Chincoteague der Austern und Krabben wegen!“

„Bestimmt nicht, Großpapa.“

„Ihr habt vollkommen Recht, dass sie deswegen nicht kommen. Sie kommen hierher, um zu sehen, wie die wilden Ponys schwimmend den Kanal überqueren und dann in den Gehegen umhertoben. – Wildpferdefang! – Zu diesem Schauspiel kommen sie; denn nirgendwo sonst in der Welt gibt es dergleichen zu sehen!“

Paul und Maureen waren bestürzt. Ein Juli ohne Wildpferdefang war nicht auszudenken. „Das ganze Jahr hindurch habe ich Briefe über Misty beantwortet“, sagte Maureen. „Und in jedem Jahr habe ich Leute aufgefordert, zum Ponyfang zu kommen, aus allen Teilen Amerikas, sogar aus Alaska!“

Paul unterbrach sie. „Und in diesem Jahr werden sie erst recht kommen, um Mistys Fohlen zu sehen!“

Großpapa ging in der Küche auf und ab und sprach laut vor sich hin. „Wenn wir noch Ponys dazu bekämen! Wenn der Stadtrat einige von den Fohlen zurückkaufen könnte, die im vergangenen Jahr und im Jahr davor versteigert worden sind.“

Er ging schneller. „Ach, es wäre nicht schwer, sie über den Kanal nach Assateague zu schaffen. Dort würden sie wieder wild, als ob sie die Insel nie verlassen hätten!“ Er sprach jetzt aus vollster Überzeugung. „Ja, und dann könnten wir einen der größten Wildpferdefang-Tage veranstalten, die Chincoteague jemals erlebt hat.“

Großpapa war vor Aufregung ganz außer Atem, aber er musste weiterreden! „Aber das alles kostet schrecklich viel Geld“, seufzte er.

„Aber Großpapa“, meinte Paul, „selbst wenn wir das Geld aufbrächten! Glaubst du denn, dass die Leute die einmal gekauften Ponys wieder zurückgäben?“

„Vielleicht täte es der eine oder andere aus Mitleid, um uns zu helfen“, antwortete Großpapa, „und einige würden sie vielleicht aus einem anderen Grund verkaufen. Glücklicherweise habe ich mit der Feuerwehr zusammen über jeden Verkauf eine Liste aufgestellt, und wenn nur die Hälfte der Käufer einwilligte, würde uns das den Anfang geben, den wir brauchen.“

Das Telefon klingelte hartnäckig.

„Geh du ran, Paul. Das ist so etwas, was ich hasse, das Telefonieren. Ein Teufelskasten!“

„Es ist für dich, Großpapa. Es ist der Bürgermeister, und es scheint wichtig zu sein.“

Großpapa stapfte zum Telefon. „Hal-looo!“, brüllte er in den Hörer.

„Eigentlich braucht Großpapa kein Telefon“, kicherte

Paul, „es genügt schon, wenn er zum Fenster hinaus brüllt!“

„Sch!“ Maureen legte den Finger an den Mund und lauschte.

„Wer hat Sie angerufen?“, fragte Großpapa.

Pause –

„Was um alles in der Welt wollte der denn?“

Pause –

„Tatsächlich.“

Paul und Maureen sahen sich fragend an.

„Ha! Donnerwetter! Das ist ja großartig! Was sagten Sie?“

Eine lange Pause –

Noch immer den Hörer in der Hand, drehte sich Großpapa um und sah Paul und Maureen scharf und durchdringend an. Seine Stimme klang jetzt ruhiger. „Natürlich bin ich sehr dafür, Bürgermeister, aber ich habe darüber nicht zu bestimmen und muss Paul und Maureen fragen, ob sie einverstanden sind oder nicht. Weder das Fohlen noch Misty gehören mir.“

Großpapa legte den Hörer auf und kehrte zum Tisch zurück, um zu überlegen. Paul und Maureen starrten ihn an und wagten nicht zu fragen.

„Also passt auf! Es handelt sich um Folgendes: Einer der Hauptproduzenten der Filmgesellschaft, die Mistys Film gedreht hat, führte soeben ein Ferngespräch mit dem Bürgermeister, müsst ihr wissen.“

„Und was wollte er?“, fragte Maureen. „Will er einen Film mit Mistys Fohlen drehen?“

„Unterbrich doch nicht!“, schimpfte Paul.

„Also", fuhr Großpapa fort, „es scheint, dass er die Berichte über die Sturmflut und den Verlust der vielen Ponys gelesen hat. Und nun meint er, auf irgendeine Art und Weise helfen zu müssen. Nun, er will den Lichtspieltheatern den Misty-Film kostenlos zur Verfügung stellen, das heißt, unter der Bedingung, dass das von den Theatern eingenommene Geld dazu verwendet wird, die Ponyherde zu vergrößern."

Paul sprang mit einem Satz über den Stuhl hinweg. „Das ist ja fantastisch, Großpapa! Unsere Zustimmung brauchst du dazu nicht!"

„Aber die Hauptsache habe ich euch ja noch gar nicht erzählt! Seht mal, der Bürgermeister und der Rat haben vor, einen Hilfsfonds zu gründen und ihn ‚Misty-Hilfsfonds' zu nennen." Großpapa strich sich über die Bartstoppeln am Kinn, während seine Blicke über die Marschwiesen schweiften. „Sie planen, Misty die größte Aufgabe ihres Lebens zu geben! Sie soll mehr als ein Filmstar sein!"

Die Kinder lauschten sprachlos.

„Sogar eine größere Aufgabe als ein Fohlen zur Welt zu bringen!"

„Was könnte denn größer sein als das?", fragte Maureen.

„Nun, sie wollen, dass Misty mit ihrem Fohlen überall da auftritt, wo man ihren Film zeigt. Und zwar soll sie wirklich auf der Bühne erscheinen, und ein Teil des Erlöses aus dem Kartenverkauf soll für die Ausbesserung der Insel verwandt werden, aber der größte Teil zum Rückkauf der Ponys! Würdet ihr etwas dagegen haben, wenn die Sache sofort losginge? Sagen wir, in zwei Wochen – vorausgesetzt, dass noch in diesem Jahr ein Wildpferdefang stattfindet."

Paul sah zu seiner Schwester hinüber. „Was sagst du dazu, Maureen?"

Maureens Gesicht verfinsterte sich, und sie überlegte. „Wäre Mistys Baby nicht so jung und klein, dann würde ich Ja sagen, Paul."

Paul nahm das Stück Holz und sein Messer in die Hand und schnitzte heftig ein paar Kerben hinein. „Es ist genau das, was ich auch befürchte. Natürlich wäre es ein großer Spaß, wenn wir nicht zur Schule zu gehen und allen anderen Kram nicht zu machen brauchten!"

„Die Vorführungen würden meistens an Sonnabenden stattfinden", meinte Großpapa trocken.

„Aber stellt euch vor", antwortete Paul mit ernstem Gesicht, „sie würden seekrank oder erkälteten sich auf der Fahrt oder beim Hinein- und Herausgehen aus den überhitzten Theatern! Womöglich brächen sie sich ein Bein!"

Die drei versanken in tiefes Schweigen. Keiner wusste recht, was er dazu sagen sollte. Maureen drehte den Verschluss so fest auf das Tintenfass, als ob sie es nie wieder gebrauchen wollte. Paul warf sein Stück Holz in den Herd und klappte das Messer zu. Großpapa faltete die Hände über seinem Bauch. Er sah zur Decke empor und dann auf die Uhr. Er nahm eine der Geburtsanzeigen und fing an zu lesen. Seine Mundwinkel verzogen sich zu einem freudigen und verständnisvollen Lächeln.

„Es könnte ein Erfolg werden", gab er seinen Gedanken Raum, „ein ganz großer Erfolg!"

„Aber stell dir vor“, antwortete Paul bedächtig und ernst, „wir lassen Misty und ihr Fohlen in irgendein Theater gehen, und wenn sie nach Hause kommen und sich frisch und munter fühlen, dann können sie zum nächsten Auftritt wieder losfahren. Aber wie nun, wenn sie krank werden, nicht fressen? Dann könnten sie aber nie wieder fortgehen!“

Großpapas Augen leuchteten auf wie zwei Sternschnuppen. „Manchmal glaube ich, ihr beide seid mein genaues Ebenbild, und dann bin ich so stolz auf euch, dass ich mich spreizen könnte wie unser Truthahn! Ich werde mit dem Stadtrat sprechen, als Erstes morgen –“

Bong! Bong! – Die Uhr schlug zehn, und beim letzten Bong klingelte schrill das Telefon.

Großpapa fasste sich an die Stirn und angelte nach seinen Schuhen. „Sonne, Mond und Sterne! Jetzt habe ich ganz vergessen, Großmama vom Gemeindehaus abzuholen! Schnell, Maureen, antworte du und sage, dass ich unterwegs wäre!“

21 Ein Name wird gesucht

Während des Wochenendes hatte man das Schulhaus getrocknet, und am Montag konnte der Schulunterricht wieder beginnen. Eine Markierungslinie zeigte an, wie hoch die Flut gestiegen war. Paul und Maureen waren pünktlich zur Stelle, aber es war nicht leicht, sich die einzelnen Provinzen Kanadas zu merken oder aufstehen zu müssen, um die Präsidenten aufzuzählen: Washington, Adams, Jefferson – und dabei zu überlegen, welchen Namen Mistys Fohlen haben sollte. Der Stadtrat bestand darauf, sofort einen Namen zu nennen, und je mehr Paul und Maureen gedrängt wurden, desto schwerer war es, sich zu entschließen.

In den nächsten Tagen überlegten sie sich während des Unterrichts und nach der Schule mehrere Namen, die sie aber ebenso schnell wieder verwarfen. Entweder waren sie zu lang, oder sie klangen komisch, wenn man sie hinausrief über die Marschwiesen.

Es war ja auch kein gewöhnliches Fohlen, das einen Namen haben sollte!

Drei Tage lang mühten sie sich ab, als an einem Mittwoch in der Dämmerung Mr Conant, der Postmeister, höchstpersönlich mit einem ganzen Sack voll Post für die Beebe-Familie eintraf. Als Großmama ihn über den Hof kommen sah, legte sie schnell noch ein Gedeck auf den Tisch und schickte Maureen zur Tür.

„Guten Abend, Mr Conant“, sagte Maureen höflich und ließ den Postsack nicht aus den Augen.

„Wie geht es, Maureen? Mrs Beebe?“

„Und Ihnen, Mr Conant? Ich muss sagen“, meinte Großmama lachend, „dass Sie mit dem Ledersack, den Sie da schleppen, aussehen wie der Nikolaus in Person! Gestatten Sie, dass ich ihn an einen Haken hänge, während Sie Platz nehmen. Mein Mann und Paul werden bald kommen. Bitte“, sagte sie mit einer einladenden Handbewegung, „bleiben Sie doch zum Abendbrot. Wir haben leckeres Schildkrötenragout mit Erbsen und Weißbrot und dazu eingemachte Strandpflaumen.“

„Es ist mir eine große Ehre, bei Ihnen bleiben zu dürfen“, antwortete Mr Conant. „Meine Frau hat ihre Mutter nach Salisbury gebracht und übernachtet dort. Sicher hat sie mir etwas Gutes gekocht, aber was ist die beste Mahlzeit schon wert, wenn man sich dabei nicht unterhalten kann!“

Maureen musterte noch immer den Postsack und platzte fast vor Neugierde.

„Oh! Das hätte ich beinahe vergessen!“, sagte Mr Conant lachend. Er griff in seine Tasche und zog einen Umschlag heraus mit einem hellroten Zettel: Durch Eilboten.

„Er ist für dich und Paul“, sagte er und gab ihn Maureen. „Da es ein Eilbrief ist, entschloss ich mich, euch gleich die ganze Post mitzubringen, statt bis morgen zu warten.“

Jetzt hörte man Trampeln und Poltern hinten im Flur, als Großpapa und Paul ins Haus kamen.

„Nun, wenn das nicht Mr Conant ist", sagte Großpapa, ihm die Hand entgegenstreckend. „Ich freue mich, Sie zu sehen!"

„Sieh mal, Paul!", rief Maureen. „Ein Brief durch Eilboten! Für uns!"

Paul vernahm die Nachricht zwar äußerlich gelassen, aber er versuchte krampfhaft, den Poststempel zu entziffern. Es kribbelte ihm in den Fingern, den Brief an sich zu reißen und fortzurennen wie Skipper, wenn er einen Knochen hatte.

„Kinder, ihr legt den Brief zu den anderen und wascht euch zuerst die Hände", sagte Großmama, das Ragout rührend. „Schildkröten zu kochen ist nicht einfach, und ich möchte nicht, dass mir das Essen verbrutzelt. Außerdem", fuhr sie fort, „können gute Nachrichten warten, und sind es schlechte, dann ist es früh genug, sie zu erfahren, wenn wir gegessen haben. Nun setzt euch – Sie hierher bitte, Herr Postmeister."

Trotz des Besuches war das Abendbrot heute, wie Großpapa zu sagen pflegte, ein „Galoppessen"! Alle fieberten vor Erwartung, die Briefe öffnen zu können. Aber vorher mussten der Tisch abgeräumt und die Krümel zusammengefegt werden.

Der Postmeister nahm den Postsack herunter und schüttete die Briefe auf den Tisch. Mit geübter Hand ordnete er sie zu kleinen Haufen und legte den Eilbrief obenauf. „Einige sind für Sie, Mr Beebe, und einige für Paul und Maureen."

Wait-a-Minute sprang auf den Tisch und warf die Haufen durcheinander. Paul jagte sie mit dem Arm herunter. „Kümmere dich gefälligst um deine Kätzchen!“, sagte er, aber nicht gerade unfreundlich. „Wir haben etwas Wichtiges zu tun.“ Er nahm sein Taschenmesser. „Ich schneide sie auf!“, kündigte er an.

„Und ich nehme sie heraus und falte sie auseinander“, bot sich Großpapa an.

„Du kannst sie vorlesen, Großmama“, sagte Maureen, „bei dir klingt es immer wie aus dem Märchenbuch.“

Für kurze Zeit waren das Aufschneiden der Umschläge und das Knistern des Papiers die einzigen Geräusche in der Küche. Dann nahm Großmama zuerst den Eilbrief, holte tief Atem und fing an zu lesen:

„Lieber Paul und liebe Maureen!

Es tut mir Leid, dass die Sturmflut gekommen ist, aber ich bin froh darüber, dass Misty ein Fohlen bekommen hat. Welche Überraschung! Ich hoffe, dass ich eines Tages eure Insel besuchen kann oder sogar dort wohnen! Ich hoffe, dass ich zum Wildpferdefang kommen und vielleicht ein Pony kaufen kann. Hoffentlich nehmt ihr es mir nicht übel, wenn ich euch einen Namen für Mistys Baby vorschlage. Ich glaube, ‚Windy‘ wäre hübsch.“

„Beim Seehund!“, rief Großpapa aus. „Das klingt gar nicht schlecht. Lies den nächsten vor, Idy.“

Mr Conant nahm Bleistift und Papier, schrieb den Namen Windy und machte ein Kreuz dahinter.

„Dieser Brief ist an Misty selber gerichtet“, fuhr Großmama fort. „Ach, das ist eine richtige Babykarte, und darauf steht: Glückwünsche für dich und das kleine Päckchen Freude!“

„Dreh sie um, Großmama, hinten steht noch etwas“, sagte Maureen.

„Tatsächlich, hört zu:

Liebe, kleine Misty!

Ich habe schon so viel von dir gehört, dass es mir vorkommt, als würde ich dich kennen. Ich liebe Pferde, und ich war in Sorge um dich, als der Sturm kam. Deine Pflegeeltern sind großartige Menschen, weil sie dich in ihre Küche gebracht haben. Du solltest dein Stutenfohlen ‚Sturmwolke‘ nennen.“

„Ist das nicht ein wunderbarer Brief?“ Großpapa sah die Kinder strahlend an. „Für mein Gefühl“, er zögerte, „ist aber der Name zu lang für so ein kleines Wesen, selbst wenn wir ihn abkürzen.“

Maureen wurde ungeduldig. „Weiter! Großmama, weiter!“

„Hier ist ein Brief von einem Schüler aus Glassboro in New Jersey:

Ich bin ein Junge von zehneinhalb Jahren. Dieses ist kein sehr langer Brief, aber ich fände den Namen ‚Windy‘ für Mistys Fohlen schön.“

Mr Conant machte hinter Windy ein zweites Kreuz. „Zwei für Windy“, verkündete er.

„Der Hund soll mich beißen, wenn das keine richtige Wahl ist –“, sagte Großpapa, „mit Stimmenzählen und dergleichen!“

Großmama musste lachen. „Dieser Brief besteht nur aus Fragen. Hört zu:

Lieber Paul und liebe Maureen!

Wie geht es euch? Mir geht es gut. Ich las in der Zeitung, dass Misty in Sicherheit ist.

Wie sprecht ihr den Namen eurer Insel aus?

Wie geht es eurem Großpapa und eurer Großmama? Ich glaube, ihr gehört zu den bekanntesten Familien in Amerika! Glaubt ihr, dass in diesem Jahr der Wildpferdefang stattfinden wird?“

„Seht ihr“, sagte Maureen, „die Leute erkundigen sich schon danach, aber diesen Brief werde ich erst später beantworten. Lies weiter, Großmama.“

„Dieser kommt von einer Lehrerin:

Wir lasen in der Zeitung, dass Misty ein Stutfohlen bekommen hat und dass einhundertfünfzig Ponys eingegangen sind. Das Herz ist mir schwer.

Einer meiner Schüler sagte, dass die Fohlen sehr dünne Beine hätten, deshalb glaubt er, ‚Sandpiper‘ sei ein passender Name für Mistys Baby.“

„Hmmm!“, meinte Paul anerkennend. „Willst du meine Meinung hören, Maureen? Mit Sandpiper würde zugleich ihr Großvater Pied Piper geehrt!“

Mr Conant schrieb auch diesen Namen mit einem Kreuz dahinter auf.

„Wäre sie ein Hengstfohlen“, sagte Maureen, „dann fände ich den Namen Sandpiper schön, aber man muss auch daran denken, wie es klingt, wenn sie groß wird.“

Mr Conant strich das Kreuz wieder aus.

„Großmama, lies den nächsten!“, drängte Maureen.

„Hier ist ein ganz kurzer“, sagte Großmama erfreut, „und es heißt darin:

„Wenn Misty mir gehörte, würde ich ihr Fohlen ‚Stormy‘ nennen.“

Da trafen sich Pauls und Maureens Blick. Paul sprang vom Stuhl hoch, machte einen Kopfstand und schrie: „Juhuuuu!“, und schon stand er wieder aufrecht. Laut rief er den Namen Stormy, und dann flüsterte er ihn ganz leise: „Stormy!“

Maureen klatschte in die Hände. „Ach, wie gut klingt er, laut und leise!“ Sofort schrieb Mr Conant den Namen auf.

„Ich gebe ihm zwei Kreuze auf einmal!“, sagte er. Und weitere Briefe mit anderen Namen folgten. Da hieß es: ‚Sea Wings‘ und ‚Ocean‘ oder ‚Mistys Shadow‘ – bis schließlich das letzte Schreiben an die Reihe kam. Großpapa gähnte und streckte sich schon.

„Heraus mit dem Schluss, Idy! Der Sandmann kommt und schüttet mich mit zwei Tonnen Sand zu.“

Großmamas Gesicht strahlte. „Hier hat die ganze Klasse der Schule in Reistertown, Maryland, geschrieben.“ Sie setzte die Brille zurecht und fing an:

„Unsere Klasse hat das Buch ‚Misty' gelesen. Nun hörten wir von dem furchtbaren Sturm, der eure Insel überflutet hat. Wir sind froh darüber, dass Misty nicht ertrunken ist. Als wir erfuhren, dass sie ein Fohlen bekommen hat, beschlossen wir, euch zu schreiben, und wir meinen, ihr solltet es ‚Stormy' nennen, weil es während des Sturmes zur Welt gekommen ist. Mögt ihr den Namen? Wir mögen ihn. Wir haben eine geheime Wahl abgehalten, und dabei siegte ‚Stormy' mit zwanzig Stimmen Mehrheit."

Paul wurde immer aufgeregter. „Jetzt wissen wir es!", sagte er. „Erinnerst du dich, Maureen? Manchmal wählt man Namen nach der Zeichnung eines Pferdes oder nach seinen Ahnen, aber auch nach Naturereignissen."
„Nach einem Sturm zum Beispiel?"
„Genau!" Paul stand auf und fragte mit großem Ernst: „Mr Conant, wie viele Stimmen haben wir jetzt für ‚Stormy?'"
„Zweiundzwanzig, Paul. Wer für ‚Stormy' stimmt, rufe ‚Aye!'"
Und nun ertönten die „Aye"-Rufe laut und klar.
Maureen stieß einen Seufzer der Erleichterung aus: „Oh, Paul! Nun können wir endlich die Anzeigen fertigschreiben!"

22 Die Hauptprobe

Es gab nur eine Stimme! Der Stadtrat, die Feuerwehrleute, der Frauenverein, Pfarrer Britton und natürlich der Postmeister – sie alle stimmten für den Namen ‚Stormy‘! Stormy, so meinten sie, wäre das einzig Gute, das vom Sturm übrig geblieben sei.

Die Nachrichten vom Misty-Hilfsfonds drangen über den Oststrand hinaus. Kinobesitzer an der ganzen Küste bemühten sich darum, die berühmten Ponys bei ihrer Wohltätigkeitsveranstaltung vorzuführen.

Nun, nachdem Paul und Maureen sich einverstanden erklärt hatten, gingen sie mit Feuereifer an die Sache heran. „Das wird ein Erfolg werden!“, wiederholte Paul immer wieder. „Wenn die Kinder bereit sind, ihr Taschengeld zu opfern, dann muss ihnen auch etwas Besonderes geboten werden.“

„Aber der Film mit Misty ist doch etwas Besonderes!“, meinte Maureen.

„Natürlich ist er das! Aber viele Leute haben ihn schon gesehen. Jetzt aber möchten sie Misty mit der kleinen Stormy sehen! Das hat auch der Bürgermeister gesagt.“

Die Vorführung in der großen Stadt Richmond war auf den Sonnabend der nächsten Woche festgesetzt worden. Es blieben also nur zehn Tage übrig für die tausend großen und kleinen Vorbereitungen. Sie schrubbten den Hocker, auf den Misty die Vorderhufe stellen sollte, und strichen ihn mit hellblauer Farbe neu an. Und kaum war er trocken, da ließen sie Misty zur Übung jeden Tag mindestens ein Dutzend Mal aufsteigen und wieder herunter und zum Schluss ‚Kratzfuß' machen. Und oft, wenn sie ihren Vorderfuß hochhielt, ließ Misty Stormy ruhig trinken.

„Es sieht so aus, als wollte Misty Reklame machen", sagte Paul.

Großpapa lachte vergnügt. „Ich finde den Vergleich gut, die Art und Weise, wie Misty ihren Kratzfuß macht – das ist Werbung!"

„Soll es doch auch sein!", sagte Maureen. „Werbung für den Misty-Hilfsfonds."

„Maureen, hole mir mal meine Kneifzange. Ich muss unbedingt ihre Hufe beschneiden, denn sie wirft die Vorderbeine so hoch, dass sie leicht einmal auf einem Jungenkopf landen kann."

Stormy zu pflegen war die reinste Freude. Jeden Abend, wenn sie aus der Schule kamen, striegelten und kämmten sie sie, nicht nur, damit das Fell glatter aussähe, sondern damit sie sich an etwas anderes als Mistys Lecken gewöhnte. Und nach und nach gewöhnten sie sie an den Halfter. Natürlich war nirgendwo auf der Insel ein weicher Halfter aufzutreiben – weder in Horntown noch in Pocomoke. Paul fertigte einen Halfter aus dem Wurzelstock des Wildrosenstrauches an, wie er ihn einst auch für Misty gemacht hatte, als sie klein war. Und schließlich gab Großmama ihrem Drängen nach und steuerte ihr bestes Stück Flanell aus der Truhe bei, um damit den Nasenriemen des Halfters zu umwickeln.

„Nun fühl mal, Großmama“, rief Paul aus, „ist es nicht genauso weich wie die Schafwolle, die sie bei den Fohlen der Rennpferde anwenden?“
„Das brauche ich nicht erst anzufassen, das weiß ich auch so“, meinte Großmama trocken.
Stormy nahm den Halfter an und schüttelte nur den Kopf ein wenig. Manchmal, wenn sie umhergeführt wurde, warf sie einen Blick auf Skipper und das Kätzchen, als ob sie sagen wollte: „Hei! Ihr zwei! Warum könnt ihr denn frei herumlaufen?“
Als Antwort bellten und miauten sie und versuchten, sie an ihrer Freude teilnehmen zu lassen. Aber das erlaubte Misty nicht. Kamen sie zu dicht heran, dann keilte sie nach ihnen aus, stieg und bleckte mit gesenktem Kopf die Zähne. Sofort erkannten sie die Gefahr, rannten erschrocken davon und ließen sich stundenlang nicht sehen.

Als der Sonnabend näher kam, war alles bereit bis auf den alten Lastwagen. Wie hässlich und unansehnlich sah er doch aus für einen Filmstar und sein Stutfohlen! Er hätte einen neuen Anstrich und eine frische Politur haben müssen, einen neuen Boden und ein neues Verdeck! Aber es war kein Geld da, und es fehlte auch die Zeit, irgendetwas zu unternehmen.
Da kam spät am Freitagabend kurz vor Einbruch der Dunkelheit Mr Hancock, vergnügt wie ein Junge! Er holte ein längliches Bündel aus seinem Auto und zog mit kühnem Schwung zwei Leinwandrollen auseinander. Auf jede Rolle

hatte er in Lebensgröße Misty und ihr Fohlen gemalt. „Damit bespannen wir die Seitenwände Ihres Lastautos", sagte er stolz. „Die Leute in Richmond sollen wissen, dass wir Chincoteaguer eine Sache aufziehen können."
Nun sah sogar das Lastauto prächtig und lustig aus!
Um sechs Uhr am nächsten Morgen war alles bereit, und Großpapa und die Kinder beluden das Auto. Großmama, Skipper, die Ziege Nanny und die Kätzchen standen dabei und sahen zu, wie Misty erwartungsvoll die Rampe emporstieg. Sie roch das süße Heu und die saftigen Apfelstücke, die hier und da verteilt lagen. Die kleine Stormy trippelte hinter ihr her, Paul und Maureen standen zu beiden Seiten mit ausgebreiteten Armen, damit sie nicht abrutschte.
„Ich komme mir so verlassen vor", sagte Großmama. „Ich glaube, der Sturm hat uns so eng zusammengeschmiedet, dass ich es hasse, wenn ihr fortgeht, und sei es nur für einen einzigen Tag", und dabei liefen ihr die Tränen übers Gesicht. Sie wischte sich mit dem Schürzenzipfel die Tränen ab. „Nun fahrt schon los! Ich kann nicht den ganzen Morgen hier herumstehen bei der vielen Arbeit!"
Aber während das Auto vom Hof fuhr, ging sie noch nicht ins Haus. Ihre Augen folgten ihnen bis auf die Landstraße. Dann band sie die Schürze ab und winkte damit zum Abschied.
Paul wandte sich um und winkte zurück. Er konnte sehen, wie Großmamas Gestalt immer kleiner wurde, immer ferner rückte und vor dem Wegweiser mit den Buchstaben „Mistys Wiese" verschwand.

23 Stormys erster Auftritt

In der 120 Kilometer entfernten Stadt Richmond wachten die Kinder – ganz gleich, welchen Alters – an diesem Tag früh auf und sprangen aus dem Bett, denn sie wussten, dass ihnen heute etwas Außergewöhnliches bevorstand! Sie zogen sich schneller an als sonst und drängten die Erwachsenen, weil sie nicht schnell genug mit dem Frühstück fertig wurden. Sie wollten pünktlich im Theater sein.

Auch die Angestellten des Byrd-Theaters waren in einer Spannung, die sie sich kaum erklären konnten. Gegen neun Uhr kam der Geschäftsführer, gleich vom Friseur. Ihm folgte der Vorführer auf dem Fuße und verschwand in seiner Kabine unterhalb des Daches. Dann kamen Kassierer, Popcornhändler und die Kartenverkäuferin, denen die Musiker folgten mit Zimbeln, Flöten und Kesselpauken.

Und als Letzte erschienen die Platzanweiser und der Portier in hellblauen, goldbetressten Uniformen mit goldenen Knöpfen.

Und was das Wichtigste war – eine besondere Rampe wurde an die Bühne herangefahren und festgemacht! Zur Probe stampfte der Geschäftsführer hinauf und wieder herunter, als ob eine ganze Schwadron Pferde antrabte. „Solide, fest wie die Brooklyn-Brücke!“, sagte er zufrieden.

Fünfzehn Minuten nach neun begaben sich die Anweiser auf ihre Plätze, der Portier öffnete die Glastüren, und unten im Orchesterraum spielten die Musiker: „Pony boy! Pony

boy, won't you be my Pony boy?" Zur gleichen Zeit huschte die Kassiererin auf ihren Sitz im Glaskasten.
Keiner, nicht einmal der Geschäftsführer, war darauf vorbereitet, dass ein solcher Ansturm von Besuchern einsetzen würde! Große und kleine Pfadfinder und Pfadfinderinnen, andere Jugendgruppen, Schulklassen, Waisenhauskinder, ganze Familien von acht und zehn Köpfen mit den Nachbarskindern im Schlepptau! Eine Minute vor zehn gab es keinen einzigen freien Platz mehr. Vom Parkett bis unter das Dach war das Theater voll!
Schlag zehn hob sich der feuerfeste Vorhang, dann teilten sich die schweren, roten Plüschvorhänge, und die Lichter im Hause erloschen, ausgenommen einige kleine, rote Glühbirnen über den Ausgängen. Mit einem Tusch hörte die Musik auf. Tiefe Stille lag über dem Theater, breitete sich aus wie Hitzewellen, die im Hochsommer von einem Heufeld aufsteigen. Dann leuchtete unter atemlosem Schweigen ein Bild auf der Leinwand auf, und plötzlich schien die Zeit stillzustehen!

Tausend Menschen weilten nicht länger in einem verdunkelten Theater! Sie wurden auf eine windzerzauste Insel versetzt, wo die Seemöwen kreischten und wilde Ponys sich am Strand tummelten. Wie durch Zauberhand wurden ihnen die Rollen zugeteilt! Sie gehörten zu den Treibern, die die wilden Ponys aus Busch und Unterholz lockten und dabei auf Phantom stießen und ihr neugeborenes Fohlen Misty! –

Und dann waren sie selbst dieses Fohlen, das versuchte, den Kanal zu durchschwimmen, und kämpfte, damit es nicht hinuntergezogen würde in einen Strudel! Und plötzlich wurden sie zu einem mutigen flachshaarigen Jungen, der ins Meer sprang, Misty an der Stirnlocke packte und sie an Land zog! –

Selbst die Platzanweiser an den Seiten wurden von diesem Geschehen gepackt! Sie jubelten, als Phantom dann mit Black Comet um die Wette lief und gewann! Lachten, als Misty aus Großmamas Küche entwich, kämpften mit den Tränen, als Paul Abschied nahm von Phantom, der herrlichen wilden Stute, Mistys Mutter! Dann riefen ein paar Jungen vom Rang herab: „Wir wollen Misty sehen! Wir wollen Stormy sehen!" Und das gesamte Publikum stimmte in den Ruf ein.

Der Geschäftsführer trat, als das Licht wieder aufflammte, rasch aus der Kulisse hervor auf die Bühne. Er lächelte strahlend, hob die Hand und bat um Schweigen. „Jungen und Mädchen!", rief er in den Lautsprecher. „Ich danke euch, dass ihr zu dieser Galavorstellung gekommen seid. Der volle Ertrag dieses Tages, jeder Pfennig, den ihr gezahlt habt, soll dazu verwendet werden, die Insel Chincoteague wieder instand zu setzen und die Herden der wilden Ponys auf Assateague zu erneuern."

Beifallklatschen setzte ein, bevor er geendet hatte. Er machte den Mund auf, um weiterzusprechen, aber die gleichen Jungen wie vorher riefen: „Wir wollen Misty sehen! Wir wollen Stormy sehen!"

Als das Rufen nicht aufhörte, zuckte der Mann hilflos die

Achseln; dann gab er dem Bühnenarbeiter ein Zeichen. Wie durch Zauberhand gingen alle Lichter eins nach dem anderen aus, bis das Theater vollständig dunkel war. Äußerste Stille trat ein, als ein schwacher Lichtstrahl im linken Seitengang auf und ab spielte. Er blieb auf einem Punkt unterhalb des Balkons stehen.

Und da traten aus der Dunkelheit zwei Ponys in den Lichtstrahl hinaus. Sie wurden geführt von einem noch sehr beweglichen alten Mann und begleitet von einem Knaben und einem Mädchen, aber man konnte sie nicht sehen; sie waren noch im Schatten verborgen. Aller Augen waren auf die zwei Pferde gerichtet, die den Seitengang hinabzockelten, das eine sicheren Fußes und mütterlich, das andere so klein und tapsig. Wie aus einem Mund hörte man flüstern: „Da sind sie!“ Dann aber schwoll das Gemurmel an wie ein Wasser, das einen Damm durchbricht.

Die Kinder unten am Gang kletterten auf die Sitze und streckten die Hände aus, um das weiche Fell zu streicheln! Der Geschäftsführer des Theaters rief besorgt : „Fasst die Pferde nicht an! Sie könnten ausschlagen!“ Aber er hätte ebenso gut der Sonne gebieten können, sie solle sich verdunkeln, oder dem Wind, dass er aufhören möge zu wehen! Paul versuchte, mit seinem Körper Stormy und Misty zu decken, aber sie wollten gar keinen Schutz und fanden Vergnügen an jedem Schritt, den sie zurücklegten auf ihrem Marsch den Seitengang entlang.

Und nun hatte die kleine Prozession die Rampe erreicht, die auf die Bühne führte. Misty ging ruhig und mit einer fast menschlichen Würde, während Stormy ihr folgte und ein

wenig von hinten geschoben werden musste. Die Bühne war in helles Licht getaucht, während der Zuschauerraum in tiefer Dunkelheit, in vollkommenem Schweigen dalag.
Misty blickte umher in der Helligkeit des leeren Raumes. Er war größer als ihre Box daheim, auch größer als Dr. Finneys Stall. Ihre Augen streiften nur flüchtig die künstlichen Palmbäume, blieben dann aber auf einem Gegenstand haften, den sie wieder erkannte – ihren Hocker! Mit sichtlicher Freude ging sie darauf zu und setzte die Vorderhufe auf. Dabei gab sie Stormy zu verstehen: Komm her, mein Kleines.
Stormy schien ängstlich zu sein. Ihre Nüstern zitterten, und sie wieherte ungeduldig. Aber dann schlitterte sie über die Bühne, leicht und zart wie Distelwolle! Und in Gegenwart der unzähligen Blicke, die auf sie gerichtet waren, suchte sie mit dem Mäulchen bei ihrer Mutter und fing dann gierig an zu saugen, während der kleine Stummelschwanz vor Aufregung hin und her schlug.
Nachdem das kleine Wesen sich satt getrunken hatte, wandte es den Kopf zu Paul hin und wischte seine Schnurrbarthärchen an Pauls Hosenbeinen ab. Das Publikum brach in fröhliches Gelächter aus.
Der Bann war gebrochen! Misty schubste ihr Fohlen und zwickte es zum Spaß in den Nacken, und dann leckte sie eifrig über Stormys Fell, als ob sie etwas nachzuholen hätte seit der langen Trennung während der Reise von Chincoteague hierher.

Die Kinder schrien vor Lachen, und als sie sich schließlich beruhigt hatten, dankte Großpapa ihnen im Namen aller Bewohner von Chincoteague, im Namen der noch lebenden Ponys und der Tiere, die nun dank ihrer Geldspende zurückgekauft werden könnten. „Und auch Stormy bedankt sich bei euch!" Großpapa stellte sie neben ihre Mutter auf den Hocker, und nun standen sie ganz still da, die Köpfe eng nebeneinander, obgleich das Blitzlicht ihnen direkt ins Gesicht leuchtete!

Danach suchte Großpapa einen Jungen und ein Mädchen aus dem Publikum aus, damit Misty sich bei ihnen bedanken und dadurch allen ihre Dankesbezeugung machen konnte. Eilig stiegen die Kinder die Rampe empor, aber als sie oben angelangt waren, standen sie plötzlich wie versteinert da, die Arme fest an den Körper gedrückt, denn Misty hielt ihnen, ohne dazu aufgefordert zu sein, ihren Vorderhuf entgegen! Schließlich streckten sie zaghaft ihre Hände aus, erst die eine, dann die andere, um die freundliche Annäherung zu erwidern! Aber wieder war es Misty, die zuerst den Fuß reichte, und die ganze Sache schien ihr großen Spaß zu machen. Danach kam ein Mann mit einem Lautsprecher den Gang entlang, damit die Kinder ihre Fragen, die sie auf dem Herzen hatten, hineinsprechen konnten.

„Ist Misty tatsächlich während der Sturmflut in eurer Küche gewesen?"

„War es spaßig zu sehen, wie das Pony anstatt der Großmama aus dem Küchenfenster geschaut hat?"

„Warum haben Ponys so lange Beine?"

„Wie viele Tage ist Stormy alt?“

„Wie viele Ponys kann die Feuerwehr von unserem Geld kaufen?“

„Werden sie wieder wild, wenn sie nach Assateague zurückgeschickt werden?“

„Ist Großmama böse gewesen, als Misty die Küche schmutzig gemacht hatte?“

„Hat Wings den Sturm überlebt?“

Großpapa beantwortete geduldig jede Frage, während Paul und Maureen dazu nickten und lächelnd ihre Zustimmung gaben.

Während Dutzende von Fingern in die Luft flogen, um die Aufmerksamkeit auf sich zu lenken, verstrich die Zeit. Das Orchester spielte: „Schönes Amerika!“, während Misty und Stormy über die Rampe gingen, aber dieses Mal dem anderen Seitenausgang zu, wo keine Hand sich mehr ausstrecken und sie streicheln konnte.

24 Die letzte Szene

Es wurde Nachmittag, bis sie Misty und Stormy für die lange Heimfahrt verladen hatten. Auf dem ganzen Weg saßen Großpapa und die Kinder still und zufrieden da und waren zu erregt, um sprechen zu können. Sie fuhren dahin, jeder mit der Erinnerung an die Vorstellung beschäftigt, erfüllt von einem tiefen Glücksgefühl.

Die Fichten warfen schon lange Schatten, und die Sonne ging hinter der Chincoteague-Bucht unter, als sie wieder auf der Pony-Farm anlangten. Großmama kam eilig aus dem Haus, um sie zu begrüßen, Fragen über Fragen in den Augen. Da stand sie und wartete auf die Berichte, aber alles, was sie zu hören bekam, war: „Hei! Großmama! Es war großartig!“

Großpapa und die Kinder arbeiteten mechanisch wie Schauspieler in einer Pantomime.

Jeder wusste genau, was er zu tun hatte. Paul ließ das hintere Fallbrett des Autos herab. Dann führte er Misty an den Zaun. Großpapa hob Stormy auf die Arme, trug sie heraus und stellte sie neben Misty. Maureen nahm Stormy den Halfter ab, und dann liefen Paul und Maureen schnell zum Gatter, um die Balken herunterzulassen.

Aber kaum hatten sie den oberen Balken losgemacht, da tat Misty etwas, was sie nur als einjähriges Fohlen getan hatte! Aus dem Stand sprang sie behende darüber hinweg und landete auf der anderen Seite. Dann drehte sie sich um und überlegte, was nun mit ihrem Jungen geschehen sollte. Stormy wieherte ängstlich, senkte Kopf und Schweif und kroch unter dem Balken hindurch zu ihrer Mutter!

Die tiefe Stille der Abenddämmerung wurde plötzlich durch schrillen Lärm unterbrochen. Ein Zug Wildgänse stieg in einer Wolke schreiend hoch, der Pfau krächzte so laut, dass sich einem die Haare sträubten, Skipper kläffte, und die Ziegen meckerten. Selbst Großpapa platzte der Kragen bei diesem Lärm! „Zum Donner!“, brauste er auf. „Da war es ja im Theater ruhiger, obgleich tausend Kinder auf einmal schrien!“

Mitten in all dem Lärm ließ Misty ihr Fohlen saugen, aber nur für wenige Sekunden. Nach den vielen Stunden, in denen sie sich als würdige Mutter hatte zeigen müssen, wollte sie endlich wieder das wilde Pony sein! In schnellem Galopp sauste sie die Wiese hinunter, während Stormy hinter ihr herhoppelte.

„Seht doch nur, wie der kleine Teufel schon mitläuft!“, rief Paul. Maureen schrie plötzlich vor Angst und Sorge, als sie sah, wie Misty umhersprang, sich um sich selbst drehte, Kapriolen machte und vor Übermut auskeilte. „Sie kann Stormy treffen!“

Aber Stormy versuchte nun ihrerseits, kleine Sprünge zu machen, fiel auf die Knie, rappelte sich wieder hoch, blieb aber immer in einiger Entfernung.

„Sie weiß schon, wie weit sie sich zurückhalten muss!“, sagte Paul mit stolzem Lachen.

„Nun, nach allem, was sie leisten mussten, stecken sie bis obenhin voller Übermut und Ausgelassenheit!“, rief Großmama.

Nachdem Misty und Stormy sich ausgetobt hatten, umhergesprungen waren und hinten und vorn ausgekeilt hatten, drehten sie ihren Freunden den Schweif zu und gingen fort, weit fort, die Wiese hinunter zu ihrem Fichtenwäldchen nahe am Meer.

Franz Hohler

Tschipo

RTB 2017

Tschipos Träume sind so stark, dass immer etwas daraus zurückbleibt: Fische, ein Frosch ... Und einmal gerät er sogar in einen fremden Traum und wacht auf einer Insel auf.
Hier trifft er den Piloten Tschako. Die beiden erleben Abenteuer, die glaubt man kaum!
ab 10

Klaus Kordon

Robinson, Mittwoch und Julchen

RTB 2011

Mitten im See entdeckt Jo eine Insel. Nun ist er Robinson. Und sein Ferienglück ist perfekt, als ein Freitag auftaucht – auch wenn erst Mittwoch ist.
Doch was macht man, wenn plötzlich ein Mädchen mitspielen will. Und dieses Mädchen »Mittwoch« mehr zu mögen scheint als »Robinson«?
ab 10

Gudrun Pausewang

Friedens-Geschichten

RTB 2024

Frieden beginnt dort, wo Menschen gelernt haben, richtig miteinander zu leben. Diese Erkenntnis steckt in den 10 Geschichten, die davon erzählen, wie Streit, ja wie ganze Kriege entstehen können, aber auch, wie die Menschen sich wieder vertragen und wie sie Frieden schließen könnten.
ab 10

Angelika Mechtel

Die Reise nach Tamerland

RTB 2027

In Tamerland erfährt Emma, was es bedeutet, fremd zu sein. Nichts ist so, wie sie es gewohnt ist. Man lacht nicht und man weint nicht. „Habt ihr denn gar keine Gefühle?“ fragt Emma. Eine phantastische Erzählung über Emma, Tamerland und Yüksel aus der Türkei.
ab 10